RAÚL FERRERO
ÁNGEL BEITIA

Oficios mágicos y ocultos

Misterio, fe y esperanzas alrededor
de profesiones atávicas

ALMUZARA

Editorial Almuzara • Enigma
Director editorial: Antonio Cuesta
Editora: Ángeles López
Corrección: Mónica Hernández
Maquetación: Joaquín Treviño

www.editorialalmuzara.com
pedidos@almuzaralibros.com - info@almuzaralibros.com

Editorial Almuzara
Parque Logístico de Córdoba. Ctra. Palma del Río, km 4
C/8, Nave L2, nº 3. 14005 - Córdoba

Imprime: Gráficas La Paz
ISBN: 978-84-11314-60-2
Depósito legal: CO-7-2023
Hecho e impreso en España - *Made and printed in Spain*

A mi mujer Laura y mi hija Paula. Sois mi medicina y salud.

Raúl Ferrero

A mi hermano Juan Antonio, allá donde esté, la magia era él.

Ángel Beitia

Índice

Prólogo

El oficio más antiguo del mundo... no, no ese que todos os estáis imaginando. Es el de cazador, luego el de curandero y luego el de hechicero. Los oficios de agricultor, ganadero o guerrero son más 'modernos', más neolíticos, y se deben al asentamiento paulatino de los seres humanos en territorios fijos. El guerrero, como ocupación fija, nace con la agricultura, cuando aparece la necesidad de la defensa del territorio y las cosechas.

Lo que está claro es que desde siempre han existido personajes dotados por la tradición popular de una serie de cualidades o poderes que los hacen diferentes del resto de los mortales, para bien o para mal. En cada zona han recibido distintos nombres según su respectiva 'especialidad'. Tan sólo en la Europa de hace unos siglos, habría que hablar de gente dedicada a menesteres tan extraños que eran llamados brujos, adivinos, meigas, videntes, *cartomantes*, espantanublados, campaneros, aríolos, augures, arúspices, curieles, *componedores*, *feiticeiras*, genetlíacos, fascinadores, loberos, nigromantes, *petriquilleros*, *salisatres*, saludadores, sortílegos, exorcistas ambulantes, resucitadores, alquimistas, zahoríes y mil nombres más a los que habría que añadir otros de factura más moderna como contactados, abducidos, biomagnéticos, *apagafarolas*, niños índigo o niños cristal, que sin ser oficios sí que manifiestan atributos diferenciadores.

Marcelino Menéndez y Pelayo, en su indispensable *Historia de los heterodoxos españoles*, hacía referencia a varios de esos oficios: «Mayor era en España la plaga de los ensalmadores, que ya con palabras, ya con nóminas, pretendían curar las llagas y heridas de hombres y bestias». Era el poder de la palabra. Los ensalmadores utilizaron este poder para curar a las personas a través de oraciones y ensalmos, igual que ocurría en Galicia con los *pastequeiros*, usando elementos de la liturgia católica como estolas, cruces, el pan y el vino (cuerpo y sangre de Cristo), además de las oraciones en latín.

Las leyendas aseguran que, invocando la frase certera, una puerta se abre (caso del «ábrete sésamo» de Alibabá) o se desencanta a un hada o un tesoro. Existen determinadas fechas del año en las que dicen es más fácil el tránsito entre los dos mundos, el celestial y el terrenal, o el mundano y el inframundo, en la creencia de que las ánimas del purgatorio suelen bajar a la tierra por la noche y en fechas señaladas como son la Nochebuena y la Noche de Difuntos. Personajes siniestros como los *antaruxados, vedoiros* o los cuerpos abiertos (*corpos abertos*), tenían el don de la visión y podían acceder a esta información privilegiada. Señales, sucesos, sonidos o presencias de animales eran rápidamente interpretadas como el aviso de que una muerte o un gran mal iba a ocurrir en breve. Muchos de estos avisos de muerte eran atribuidos a las ánimas.

Muy vinculados con esos secretos del más allá son los animeros y los oracioneros. Nos recuerda el escritor Fajardo Spínola que en el norte de la isla de Tenerife se manifestó durante el siglo XVIII, y especialmente en su segunda mitad, la creencia de que ciertas enfermedades tenían su causa en que las almas de los difuntos se 'arrimaban' a ciertas personas vivas, por lo general sus parientes, con tres objetivos fundamentales: que estos los liberaran mediante misas u oraciones, que restituyeran alguna deuda pendiente o el cumplimiento de votos.

Una predicación de misioneros capuchinos por esa comarca, en los años 1789-1790, se dirige particularmente contra «la malvada raza de los animeros», en la que ven «error y falsa creencia muy próxima a coincidir con la herejía de la transmigración de las almas». Uno de los procesos más aireados fue el seguido en 1737 contra Salvador Martín, de Icod, que vivía de cobrar la limosna para las ánimas y que ejercía de curandero. Conocido como 'el viejo de las ánimas' (tenía 67 años) o 'el médico del purgatorio', sostenía que había ánimas cuyo purgatorio 'subterráneo' estaba en este mundo, algunas de las cuales no abandonaban las casas donde habían vivido hasta que él las hablaba, las exorcizaba y las enviaba al cielo. En palabras de Fajardo, sus métodos consistían en «mirar las aguas del enfermo o revolcarse por el suelo para ver el arrimo, hacer santiguados y sahumerios y encargar plegarias, especialmente misas al Espíritu Santo».

En los estudios que se han realizado en los últimos años en España sobre las prácticas tradicionales relacionadas con la salud, agrupados de forma más o menos universal bajo la denominación de medicina popular o *folkmedicina*, encontramos casos muy representativos. En Andalucía, el curanderismo es un fenómeno muy arraigado y con frecuencia aparece asociado a elementos socioeconómicos y culturales de la región. Es el caso de la Sierra Sur de la provincia de Jaén, donde tiene especial incidencia una forma de curanderismo no exento de elementos esotéricos. En función de los procesos morbosos que atienden y de los remedios que emplean, se establecen las siguientes categorías de curanderos, con el consiguiente enojo o desprecio de los médicos colegiados:

a) Los rezadores, que curan verrugas, culebrinas o dolores de muelas mediante oraciones o ensalmos que se acompañan de otros rituales simbólicos.
b) Los sabios o sabias que curan padecimientos cuyo origen está en el mal de ojo.
c) Los que arreglan problemas de huesos o poseen conocimientos de las plantas, que han sido clasificados como anudadores y naturalistas respectivamente.
d) Los santos que emplean medios y métodos parecidos, pero se les reconoce el poder de la adivinación y la curación por influencia sobrenatural, además de ejercer como confesores y consejeros.

Álvaro Cunqueiro (que tiene una obra que se titula *Escola de menciñeiros.* 1960) retrató a una serie de personajes de mediados del siglo xx en Galicia dedicados a una tradición milenaria, consistente en curar los males artesanalmente, a veces con los métodos más estrafalarios posibles. Sólo en Galicia habría que referirnos a *baraxeiras, atadores, botadoras do mal de ollo, canouros, compostores, compoñedores, pechadores, arresponsadores, exorcitadores, fadairos, menciñeiros, parteiras, roseiras, valouros, cantuxeiras, remedieiras* o saludadoras.

Desde antaño, una creencia generalizada era pensar que algunos fenómenos atmosféricos los ocasionan seres maléficos a los que se podía conjurar si se conocían los rituales precisos. Y uno de esos rituales era tocar las campanas para evitar la influencia de *tronantes, nuberos, reñuberos, escolares* o *negrumantes,* nombres que reciben estos genios de las tempestades según la localidad donde se recoja la tradición.

Y así surgió otro oficio mágico y maldito para ahuyentar dichas tormentas maléficas. Eran llamados *tempestarios,* conjuradores de nublados o «magos e *incautatores*» (como se les designa en el Fuero Juzgo). En algunos casos se les pagaba para crearla y hacer que lloviera en una determinada zona. Solían recibir una iguala, un salario o casi un impuesto revolucionario para ejercer su oficio.

Menéndez y Pelayo, basándose en la obra de Pedro Ciruelo *Reprobación de las supersticiones y hechizerías,* aporta una serie de datos jugosos sobre esa clase de oficios, a veces mal remunerados:

«Duraban en el siglo XVI, como duran hoy, los saludadores o familiares de Santa Catalina y de Santa Quiteria, que con la saliva y el aliento curaban el mal de rabia. Y con ellos compartían el aplauso y favor del vulgo sencillo otros tipos, hoy perdidos: los sacadores del espíritu, los conjuradores de ñublados (antiguamente *tempestarii*) y los descomulgadores de la langosta. Los primeros eran exorcistas legos, que «con ciertos conjuros de palabras ignotas y otras ceremonias de yerbas y sahumerios de muy malos olores, fingen que hacen fuerza al diablo y lo compelen a salir, gastando mucho tiempo en demandas y respuestas con él, a modo de pleito o juicio». Otro tanto hacían, pero en términos aun más forenses, los descomulgadores de la langosta y del pulgón. Aparecía cualquiera de estas calamidades en un pueblo, desbastando sus viñas, trigos y frutales, e *ipso facto* se hacía llamar al conjurador. Sentábase este en su tribunal, y ante él comparecían dos procuradores: uno por parte del pueblo, pidiendo justicia contra la langosta; otro en defensa de esta alimaña.

En fin, como dice un refrán «quien buen oficio sabe, de buena despensa tiene la llave» y los que saben ejercer bien su arte y su oficio son Ángel y Raúl, dos buenos investigadores del folclore (no olvidemos que esta palabra significa sabiduría del pueblo), dos sabuesos con fino olfato de la antropología popular. Tanto Ángel Beitia como Raúl Ferrero se proponen —y a fe que lo hacen con acierto— que no nos olvidemos de este tipo de profesiones y actividades de antaño y de hogaño para que sepamos cuáles eran realmente sus funciones (a veces rayanas en lo sobrenatural y lo herético), sus leyendas, chascarrillos, normativas y, sobre todo, conocer su importancia estratégica y su trascendencia en las épocas y los pueblos en los que les tocó actuar; a sabiendas que muchos de ellos fueron incomprendidos, perseguidos, criticados, temidos e incluso venerados.

Empleos atávicos, arcaicos en ocasiones, algunos ya disueltos en la neblina del tiempo y otros se han ido reconvirtiendo y se niegan a desaparecer. Y no me refiero precisamente a cigarreras, telefonistas, limpiabotas, ascensoristas, mecanógrafos y hasta el sereno del barrio, sino a aquellos que tenían y tienen una aureola de sagrado, de mágico, de poderoso y de creencia supersticiosa. Tampoco me estoy refiriendo a ser árbitro de *quidditch*, fabricante de varitas o *aritmántico*, dentro de la cosmovisión fantástica y literaria de la saga de Harry Potter, que de todo hay en la viña de J.K. Rowling. ¡Ay, echo de menos el oficio de polímata!.

Ahondar con seriedad y documentación en las raíces de estos oficios ancestrales es muy necesario, como lo es conocer a los protagonistas que los hicieron posibles, cuyas increíbles historias, por lo general, parecen tener una profunda conexión con nuestro mundo más material y espiritual (vinculados con los diferentes elementos de la naturaleza)…, un mundo que les ha intentado olvidar. O quizás ya no…

Jesús Callejo, aprendiz de todo y maestro de nada
Madrid 18 de Julio de 2022

Introducción

Necesidades profilácticas en la sociedad inmediata

Vicent Ferrero Martínez
Historiador. Antropólogo Social y Cultural

La consideración de 'malditas' de algunas profesiones, en ocasiones relacionadas con temas tabúes como el cuerpo, la muerte o la sexualidad, sólo tiene sentido a la luz de una concepción pecaminosa o trascendental de ciertas realidades. Es así que a partir del inicio del período hegemónico del cristianismo, en el ocaso del Imperio romano, hasta prácticamente nuestros días en los que la influencia de la iglesia sigue siendo aún importante, ciertos desempeños fueron vistos como supersticiosos o inmorales. Otros, como el curanderismo, simplemente vinieron a cubrir un vacío profesional que se llenaría, paulatinamente, con el correr de los tiempos.

Si optamos por la óptica de la antropología los tabúes desaparecen. Muchos rituales de numerosísimas culturas a lo largo y ancho del planeta requieren de la participación de determinadas personas cuyo cometido principal es realizar el acto central del ritual que, en ocasiones, puede resultar, para la mayor parte de los occidentales, de carácter fetichista o agorero. No obstante, algunas de las funciones u ocupaciones que llevan a cabo estas personas son fundamentales para la supervivencia de la estructura y la personalidad culturales de determinados pueblos.

Es importante, en efecto, que pensemos en que la existencia misma de realidades profesionales de géneros muy variados es el resultado de unas demandas sociales y culturales también variadas, y cumplen, por lo tanto, con la satisfacción de necesidades personales y comunitarias que de otra manera quedarían anhelantes. Al mismo tiempo, esas necesidades sociales son también, en muchas ocasiones, producto o consecuencia de pervivencias tradicionales que entran en conflicto con las nuevas formas de pensar propias de cada período histórico, bien sean científicas, religiosas o gentiles, las cuales llevarán a la confección de sendos intentos de negar la permanencia del acervo, tildado este, respectivamente, de supersticioso, hereje o idólatra.

Con todo, las imágenes que encontraremos aquí son representaciones del ser humano como sujeto social, jurídico y espiritual, depositario de una concepción trascendental de la existencia, bien física bien metafísica, que dota al hecho o símbolo de una dimensión *procesual* de la acción, convirtiéndose en secuencia y desarrollo de la peripecia social hasta el punto de transformarla o definirla a través de la imaginación moral de la gente. Todas las ocupaciones y los hechos sociales que contiene el presente estudio forman parte de un entramado profundo que va mucho más allá de la curiosidad o de la simple anécdota de la existencia de una figura como el ensalmador o 'curador por la palabra'. La misma definición incluye términos como curación o palabra que contienen en sí mucho más alcance social que el puramente narrativo o anecdótico y que, a muy corto plazo, establecen interacciones complejas entre los individuos.

La primera actitud que nos viene a la mente al hablar de las artes folklóricas es la mágica. En efecto, la magia según Lynn Thorndike (1923-58), incluye «todas las artes y ciencias ocultas, supersticiones y folklore». En la antigüedad oriental y clásica, al menos hasta Grecia, los dominios de la religión, la magia y la medicina se solapan. No hay manera de diferenciar las atribuciones asignadas a cada una de ellas para hacer frente a diversos problemas y situaciones cotidianas. Como dice Georg Luck (1995), «en nuestro mundo —y ya hasta cierto punto en la antigua Roma— todo está clasificado. Para un tipo de problemas consultamos al médico, para otro al abogado, etc. En la antigua Atenas se consultaba al hechicero tanto como al abogado si se quería ganar un juicio. [...] En la remota antigüedad, la magia pretendía serlo para todos; era en esencia una forma de proporcionar todas las respuestas, de hacer frente a todos los problemas de la vida».

Aunque pudiera parecer que es magia todo aquello que a lo sobrenatural obedece, los oficios que aquí presentamos no se sirven todos
de ella para sus objetivos. Algunos cuentan con un importante sesgo
psicológico por parte del usuario o del demandante; otros, sencilla-
mente, cumplen un papel que, en efecto, como hemos dicho, dejaría
por cubrir una necesidad que en su momento tiene una demanda
importante, y prueba de ello es la existencia misma y el éxito social
de aquellos. Diferenciaremos, por lo tanto, entre aquellas prácticas que tienen una componente claramente arcana u oculta, no

Una de las primeras representaciones del *sabbat*.

necesariamente mágica, de aquellas que pertenecen al acervo social y que tienen como objetivo la satisfacción, inmediata o remota, de carencias o menesteres comunitarios mediante la participación de determinados agentes sociales, provenientes de la tradición, dispuestos y evolucionados especialmente para ese fin.

Entre los oficios que pertenecen a la esfera del ocultismo diferenciaremos entre los relacionados puramente con la magia, los cuales incluyen tanto las prácticas teúrgicas como *goéticas*; los que atribuimos a la obra directa de los dioses y seres superiores o intermediados por alguien, y que llamamos comúnmente milagros; la demonología, unida inseparablemente a la figura del exorcista, que implica

Grabado que muestra a un exorcista expulsando a ocho demonios.

la participación de demonios y otros seres de carácter inferior; la adivinación por medio de la clarividencia, precognición, telepatía y otros fenómenos; la astrología, que requiere un conocimiento de los movimientos de los astros y de sus relaciones con las vidas humanas en términos de predicción; y la alquimia, que aunque no requiere la participación de entidades sobrenaturales, sus fines son, por lo general, ocultos.

Entre los oficios más o menos réprobos u ominosos, aunque profusamente utilizados, que podríamos calificar de sociocomunitarios, encontramos todos los que sirven a un propósito de tipo asistencial. Entre estos incluimos aquellos que, sin el uso de acciones sobrenaturales, desempeñan un importante papel en el complejo entramado social de las comunidades y de su mentalidad. Encontramos en esta clasificación a los verdugos, acabadoras, saludadores, *bone setters* o *reparahuesos* y, sobretodo, los curanderos. Todos ellos, aunque empíricos, estaban también, las más de las veces, impregnados de oraciones, ensalmos y palabrerías para dotar a sus prácticas de un aire mágico.

Seguiré, pues, en esta breve exposición, el lógico orden cronológico que lleva desde los supersticiosos tiempos antiguos hasta los más modernos; sin olvidar, no obstante, que nunca se dejó de utilizar el patrimonio acumulado de rituales, tradiciones y prácticas que, en unas ocasiones, tranquilizaban las conciencias y, en otras, eran consideradas tanto más legítimas que las modernas por el mero hecho de provenir de la usanza. No es objeto del ensayo el estudio histórico-social de las distintas profesiones relacionadas aquí, por lo que, esta introducción histórica habrá de ser forzosamente breve y no entraremos en más consideraciones que las relativas al presente trabajo.

La civilización mesopotámica, que proliferó en Próximo Oriente entre mediados del IV milenio a.C. y la conquista persa de Asiria en el siglo VII a.C., cultivó a lo largo de su dilatada historia un importante conjunto de prácticas mágico-religiosas. Estos rituales eran realizados, a su vez, por sendos profesionales laicos o religiosos, si bien figuran más veces en las fuentes los últimos. Ya en los primeros tiempos de la cultura de Mesopotamia, cuando floreció la civilización sumeria, la primera y más antigua del mundo, entre el 2900 y el 2000 a. C. aproximadamente, encontramos entre el personal sagrado adscrito a los templos las figuras del *išib*, el *lu.maš-maš*, el *abgal* y el *abrig*.

El *išib* era el encargado de realizar la purificación, los exorcismos y las libaciones. En la antigua Mesopotamia existía la creencia en determinados demonios y fantasmas que, por supuesto, tenían el poder de introducirse en los vivos y poseerlos. Esta posesión, que se realizaba por la penetración de cierto espíritu o demonio en la cabeza a través de los oídos, traía como consecuencia enfermedades, males y tormentos variados en las personas que la padecían. Es por ello que cuando alguien sentía cualquier tipo de zozobra en la cabeza, dolor o zumbidos en los oídos (actualmente llamados tinnitus o acúfenos por la medicina) se creía directamente en la posibilidad de que hubiera sido víctima de una posesión. Para vencerla, el enfermo debía ser llevado al templo y ponerse en manos del *išib*. Las posesiones se producían porque el muerto no había sido correctamente enterrado por los familiares o en las circunstancias de su muerte había tenido lugar alguna injusticia que debía repararse; o bien no se realizaban las consabidas ofrendas al fallecido para que este pudiera alimentarse (en el inframundo mesopotámico hay sólo arena para comer y fango para beber). Por norma general la única manera de deshacerse del espíritu era reparar el daño causado, por

Arúspice. Dibujo de un espejo de bronce etrusco conservado
en el Museo gregoriano etrusco de la Ciudad del Vaticano.

lo que el *išib* entrevistaba al poseso para que se sincerara, buscar la reparación adecuada con el espíritu y poder proceder así a la purificación. Además, el *išib* debía ofrecer una libación (vertido ritual de un líquido) para el dios astral correspondiente, el cual solía ser Utu, dios del Sol al que los acadios llamaron Shamash, asociado a los muertos y dios de la justicia.

Por lo que respecta a él, era una especie de curandero que actuaba sobre las enfermedades a través de la conjuración. En verdad, al hablar de este técnico, podríamos hablar de un mago o experto en magia y parece que participaría también en los exorcismos que no podían purificarse por la mediación del *išib*. Llevaba a cabo actividades rituales mágicas de carácter apotropaico fuera del templo (normalmente en domicilios privados). La concepción mágica y sobrenatural de la enfermedad hace que exista poca diferencia entre estos magos y los médicos mesopotámicos (*a.zu*). Conocemos conjuros destinados a la curación de enfermedades y supersticiones, contra demonios o mordeduras y picaduras de animales, conjuros amorosos y de prosperidad y, en general, para un sinnúmero de problemas cotidianos. Es así que el *lu.maš.maš*, junto con el *a.zu* (su paralelo civil que no practica la magia), era el encargado de recetar los ingredientes para los remedios y los fármacos para las diferentes dolencias. Lo más habitual era que el propio interesado recitara los conjuros en persona: «el conjurador (maš.maš) me ha purificado ante ti…; / que venga tu prostituto sagrado (*assinnu*) y se lleve mi mal». No obstante, es a veces el mismo conjurador, en calidad de técnico, el que realizaba tanto el ritual como la recitación: «Yo, el conjurador (maš.maš) de Ea y de Asalluḫi, tu siervo, te invoco; *yo* te he presentado una ofrenda completa».

Como conjurador, el *lu.maš.maš* ejercía sobre todo la función de neutralización de las actividades de hechiceros y brujas (sumerio *uš$_{11}$.zu*, en acadio *kaššapu* 'brujo' y *kaššaptu* 'bruja'). En este caso, los conjuros utilizados diferían poco o nada de los utilizados por los *uš$_{11}$.zu* sin que exista una distinción clara entre magia negra y blanca más que en el objetivo y el agente que la pone en práctica.

No era necesario, sin embargo, pertenecer a la clase sacerdotal para ejercer este tipo de oficios. Cualquier ciudadano (*awlum*), habiendo sido probada su credibilidad, podía ser elegido para la realización de algunas de las funciones que, de manera más o menos general, realizaba el personal encargado del culto. Es así que, más allá de los templos, en el ámbito civil, encontramos en Mesopotamia la figura del *apilum*, también llamado respondedor o respondedora, la cual se encargaría de asesorar al monarca sobre cuestiones relacionadas con política y religión, a través de mensajes supuestamente revelados. También el *muḫḫûm* (extático, literalmente «frenético», deriva del verbo *maḫûm*, «estar loco»), comunica avisos procedentes de los dioses a través del estado de trance (*zabbu*). El *muḫḫûm* actuaba como una especie de profeta. Como en el caso de las sacerdotisas y el *apilum*, esta función podían también ejercerla las mujeres (*muḫḫûtum*). En época más avanzada, durante la dominación asiria, encontraremos una evolución de esta figura en los llamados 'voceros' (*ragimmu*) y su contrapartida femenina (*ragimmtu*), las 'voceras'. Los textos adivinatorios sumerios nos transmiten la existencia del *lu.maš.šu.gíd.gíd* o *bârum*, 'técnico examinador' de las vísceras, generalmente el hígado (hepatoscopia), de la oveja, cabra o cordero, que solía viajar con el ejército para realizar los augurios.

Las características de las creencias populares y sus agentes nos son más conocidas para el mundo clásico. Plutarco deja claras algunas cosas:

> «Para el supersticioso cualquier dolencia corporal, pérdida de dinero, fallecimiento de un hijo, contrariedad o fracaso políticos son calificados de arremetidas de los dioses y embates del destino». (Plutarco. *De superstitione*)

Cuando el interesado está convencido de esta acción providencial, no se deja ayudar ni intenta poner remedio, según Plutarco, porque cree firmemente que el único remedio es expiar la pena. No obstante, esta manera de ver las cosas, imbuida por las creencias populares, no es siempre vista como un castigo ni es siempre fruto de la superstición. La religión estaba también muy presente. Asclepio, dios de la salud, velaba por los enfermos. Los seguidores del dios consideraban requisito para ser llamados por él la condición de enfermos, debido a lo cual la enfermedad no era motivo de desgracia, como recuerda Luis Gil, «sino una fuente inefable de satisfacciones espirituales y un sello de distinción» (Gil, 2004). La actitud griega ante la enfermedad y su enfrentamiento es pues muy diversa si atendemos al origen que cada uno le atribuye. Aunque se acepta la intervención de agentes patógenos, ambientales, el griego debe hacer suyo el proceso, indagar en lo que tiene de personal la enfermedad. El hecho de estar enfermo necesita «desempeñar una función en el contexto de la vida personal» (Gil, 2004). Con ello, la necesaria intervención de la voluntad divina por un quebrantamiento del orden completa la explicación natural y la convierte en contextual, dándole así un sentido individual.

La percepción del estrechamiento de la vida que produce la vejez, es considerada también como sinónimo de enfermedad. Hacer frente a la debilidad, a la dolencia crónica, a la enfermedad terminal y la seguridad de la muerte cercana requería de mecanismos psicológicos. Ante la inevitabilidad el cristianismo tendrá la resignación, los modernos optarán por la desesperación y el vitalismo. Los griegos encontrarán una aceptación basada en la virtud o *areté* (ἀρετή). El estoicismo, independientemente de su origen, introducirá en el proceso mórbido la espiritualidad y el descubrimiento de la vida interior. Los estoicos, desde su fundador Zenón de Citium, consideraban que tanto el dolor como la enfermedad habían de ser aceptados y no evitados, pues el alma no podía ser perjudicada por el cuerpo y, aun en el caso de enfermedad, se mantenía intacta. Flaco favor había de hacer a la medicina técnica una corriente de pensamiento que, si ya otorgaba poco respeto al dolor propio, no iba a sentir compasión por el dolor ajeno. Aun así los estoicos, conforme a su talante, aceptaban y seguían a rajatabla los preceptos y las indicaciones del médico. La *patientia*, considerada como virtud, fue muy practicada en Grecia como medio de entereza ante las enfermedades. Con todo, la paciencia también se perdía y, en ocasiones, se recurría a la eutanasia como obligación no tanto del médico como del enfermo.

Frente a esta visión estoica de firme y aceptado sufrimiento, había también quien criticaba esta actitud y la calificaba de inhumana. Aquel que es incapaz de conmoverse con el sufrimiento ajeno no es humano. Todo el mundo tiene necesidad de consuelo. Obviamente, esta era la percepción más extendida. De no ser así, difícilmente hubiera llegado hasta nosotros una cantidad tan grande de figuras dedicadas a la atención comunitaria tanto desde la esfera puramente técnica como desde la popular. Se ha dicho aquí que la actitud griega ante la enfermedad responde, a grandes rasgos, al origen que se atribuye a la misma. Atendiendo a este criterio, también, encontramos a un gran número de curadores (*iatroi*).

Los llamados *iatromanteis* en Grecia (*mantis*, adivino) son una especie de curanderos que reúnen en sí mismos ciertas cualidades que los aproximan a las antiguas figuras del *maš.maš* o el *āšipu* mesopotámicos. Estas cualidades eran la curación, la herbolaria, la adivinación o la purificación, entre otras; todas ellas envueltas en ritos más o menos comunes. Su cometido era, por lo general, la curación o tratamiento de enfermedades misteriosas o indómitas que no respondían al tratamiento médico, digamos, convencional o técnico. Entre ellos encontramos, por ejemplo, a figuras como Pitágoras y Empédocles, los cuales tenían ideas particulares sobre la enfermedad y la medicina. En los tiempos antiguos, en los que la medicina aún no se ha desarrollado sólidamente, los enfermos preferían someterse a tratamientos de los que ellos consideraban *theoioi andres* u 'hombres divinos' que a la acción de la técnica humana del médico (Gil. 2004).

Se daba en Grecia una forma de curación, los *hieroi logoi* o palabras sagradas, que nosotros podemos traducir por ensalmos (*ēpodē*) o curación por la palabra como Laín Entralgo tituló su ya clásico libro (*La curación por la palabra en la antigüedad clásica* Laín Entralgo. 1958). No se ofrece documentación para conocer si las *epōdai* tenían efectos por ellas mismas o era más una virtud originada en la *dynamis* (virtud, capacidad, potencia) de quien la pronunciaba. Sea como fuere, estos encantamientos, como lo tradujeron los latinos (*incantum*), o palabras mágicas tenían una estructura de plegaria en la que primeramente se realiza la invocación (*epiklēsis*) de la divinidad de quien dependía la curación, un motivo que justificaba la invocación y, finalmente, la plegaria o súplica que debía accionar el poder curativo (*euchē*). Aunque pudiera parecer que existen ciertos paralelismos con la oración propiamente dicha la *ēpodē*, difería en que la invocación se realizaba para forzar a la potencia invocada a realizar la acción, y no simplemente para esperar el favor. A los agentes encargados de realizar el ensalmo el autor de *De Morbo Sacro* los llama, despectivamente, *kathartai*.

Expuesta la curación por el canto y la palabra, vale la pena detenerse en un método curativo y expulsatorio importante en la antigüedad: la curación por la música. No existe un agente concreto

Necromancy.

Edward Kelly a Magician, raising the Ghost of a Person lately deceased, in the Church Yard of Walton-le-dale, Lancaster.

Vide page 229.

LONDON.
Published by William Charlton Wright, 65, Paternoster Row.

Aguatinta con la imagen de Edward Kelley, alquimista, ocultista y nigromante inglés.

que realice las curaciones ni forma parte de la magia. Hablamos del efecto curativo que los griegos otorgaban a los sonidos. El tema ha sido ampliamente tratado en su insustituible libro *Therapeia*, por Luis Gil.

El origen de estos usos, con mayor seguridad, parece estar en Creta, durante la cultura minoica a finales del segundo milenio antes de Cristo que, como dice Estrabón (X 4, 18), habría sido la cuna de ciertos ritos importados a Esparta; como los mencionados por Plutarco (*De Musica 1146C*) sobre Taletas, un músico llamado a Lacedemonia para conjurar una peste entonando peanes, un canto entonado a Apolo como dios-sanador, que luego extendió su significado a la plegaria y cántico litúrgico. En el canto V de la Ilíada, se menciona al médico *Paiēōn* el cual, según Luis Gil (2004) sería el origen del peán, «una divinidad cuya función parece desprenderse de su nombre». Laín Entralgo, en una de sus obras, menciona que en *Crestomania* de Proclo se dice que el peán fue principalmente un «cántico para el cese de las pestes y enfermedades».

Desde un principio la música estuvo muy relacionada con la magia y esta usó mucho de la música para sus fines. Las etimologías de palabras griegas y latinas de las que derivan vocablos relacionados con la música como *epōdē* o *incantium*, refieren a significados como encantamiento, ensalmo o fórmulas mágicas, que se utilizaban para ahuyentar el demonio (*daimon*) que provocaba la enfermedad.

Una de las divinidades griegas más relacionadas con la enfermedad y la magia, asociada a la noche, es Hécate. Es una diosa compleja, pues posee diversas caras, a veces contrarias. Existe una Hécate de un solo rostro, *monoprosopon*, con aspectos contrapuestos a la originaria, identificada con Artemis, y que es una diosa luminosa, que se la representa llevando antorchas. Es una diosa protectora de las mujeres y los niños, de la caza (función asociada a Artemis) y de los viajeros (las divinidades relacionadas con la protección de los viajeros y los caminos se engloban en la categoría de las llamadas divinidades *enodias*). No obstante, existe otra Hécate más antigua, menos benevolente y más terrible, relacionada con la noche. A esta diosa se atribuían las fiebres elevadas y el sonambulismo nocturno, es por ello que existía la creencia que en los casos en los que se presentaban estos síntomas, podía ahuyentarse a la diosa a través de las percusiones de un címbalo apotropaico (*apotrópaios*, que aparta la desgracia).

Esta visión supersticiosa de la enfermedad tenía mucho peso en la medicina popular y es Plotino, en sus *Enneades*, quien cita el empleo de ensalmos, cantos y ruidos, que eran utilizados comúnmente para la extracción de enfermedades provocadas por demonios.

Muchos autores de la época atribuyen a la música muchos efectos sobre el comportamiento humano. Como ejemplo, encontramos en Sexto Empirico (*Adversus Mathematicos*, Libro VI 17) una apreciación sobre la música según la cual en los estados de aflicción puede dar consuelo y en los de irritación calmar la cólera. Por su parte, Plutarco (*De Musica*, 43), citando a Aristóxeno, apuntaba el origen de la costumbre de asociar la música a los banquetes por ser un elemento que mitigaba los efectos del vino. En este sentido fueron también los griegos quienes se interesaron por la posibilidad de una diagnosis basada en la música. En efecto, si esta era capaz de provocar el ánimo en un sentido o el contrario, podía por tanto utilizarse para conocer el *pathos*, la *diathesis* o el ēthos del alma (Gil. 2004) y

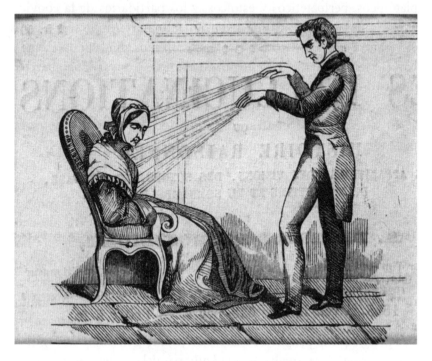

Un practicante de mesmerismo usando magnetismo animal
en una mujer que responde con convulsiones.

servirse de ella en consecuencia para suprimir los estados anormales. En realidad, *pathos, diathesis* y ēthos son conceptos diferentes entre sí, pero son utilizados aquí como diferentes estados del alma y podríamos significarlos como sentimiento, disposición e identidad respectivamente.

A estos usos de la música con fines terapéuticos los griegos los llamaron *meloterapia,* del griego μέλος (*mélos,* música) y θεραπεία (*therapeía,* terapia o tratamiento), y era utilizada como parte de la *epanorthōsis psychés* o corrección del alma y la formación del carácter (ēthopoiia). Esto, que en términos modernos llamaríamos psicoterapia, como bien apunta Luis Gil (2004), formaba parte en Grecia de la pedagogía y, por extensión, de la política. Es por ello que la repercusión social del uso y aprendizaje de la música era de suma importancia en la formación de la personalidad para los griegos y que trascendía y afectaba a la disposición anímica del individuo. Como muestra de esa importancia baste mencionar la polémica entablada entre los defensores de la calidad terapéutica y formativa de la música como creación divina, representados por pitagóricos, platónicos, peripatéticos y estoicos, y los partidarios de la convicción de que la música era una invención humana que sólo servía para cierto goce estético, pero no ético. Estos últimos aun cuando aceptaban ciertas cualidades psicológicas a la música, estas no pasaban de un distraimiento que, al centrar la atención en ella, aliviaba, debido a este acaparamiento de la mente, el temor, el dolor o el cansancio.

En Grecia existe una marcada división, no obstante, entre la *meloterapia* psíquica y la *meloterapia* somática. Respecto a la primera, la más importante aportación sería la teoría del Ethos, a la que Aristóteles le dedica algunos párrafos en su obra *Política,* y según la cual los estados anímicos se asocian a diversos modos de la música griega; de manera que cada elemento de la composición musical (ritmo, escalas, ...) tendrían su propio ēthos. Aristóteles acepta los beneficiosos efectos de la música en la educación, en la catarsis y en el entretenimiento y que, para cada uno de estos diferentes fines. se utilizan diferentes tipos de composiciones y melodías. En cuanto a la *meloterapia* somática tiene mucho menos peso en la terapéutica griega que la psíquica. Aristóxeno (citado por Gil, L. 2004) dice que los pitagóricos «realizaban la *katharsis* del cuerpo por medio de la medicina, y la del alma por medio de la música». En esta fase se puede observar que la musicoterapia no era una práctica demasiado habitual para la sanación de las afecciones somáticas. No obstante, los pitagóricos llegaron a establecer una suerte de farmacopea musical (Gil. 2004).

En Roma se heredan muchos de los rituales populares griegos, algunos de ellos muy similares, como la *incubatio* o la *lustratio*. No obstante, en el mundo romano la individualidad empieza a perder peso en relación con la comunidad. Es por ello que la mayor parte de ritos tanto propiciatorios como expurgatorios, son *instituta*, es decir, instituida por la propia ciudad. En el caso de la *devotio*, en la que se realiza un pacto con los dioses subterráneos para la entrega de vidas humanas a cambio de un éxito personal o militar; el oferente podía realizar una maldición (*imprecatio*) inscrita en un trozo de plomo (*tabulae defixionum*) o bien en un acto oficial se ofrecía a los dioses a una persona en un sacrificio mágico (*devotio capitis*).

Al ser ceremonias *institutas* aquel especialista que realizaba las acciones mágicas y en quien se confiaban los rituales era, generalmente, el magistrado, el sacerdote o el *paterfamilias*. No existe una magia romana como tal, y la practicada en Roma es procedente, casi toda, de Oriente, de Grecia, Egipto y Mesopotamia (Guillén. 1980). No quiere decir ello que los romanos no creyeran en ella, sobre todo como víctimas. Los fracasos y las calamidades se atribuyen a efectos de algún encantamiento; en los juegos los espectadores recurren a ciertas fórmulas supersticiosas para diezmar al rival; se utiliza para propiciar las relaciones amorosas y para calmar la climatología.

Las actividades de tipo supersticioso o mágico empezaron a prohibirse en Roma, al igual que en Grecia, muy tempranamente. Ya las XII Tablas la proscribían y lo estuvo prácticamente hasta la crisis del imperio. El segundo Triunvirato, en 32 a. C., expulsó a los magos y astrólogos del imperio; Tiberio, en 16, expulsa a magos y *mathematici* y, este mismo emperador, según Plinio, aprobará una ley contra los druidas.

Posiblemente, la más antigua institución sacerdotal romana de la que tenemos noticia por las fuentes es la de los *augures*. Ya antes de la fundación de la ciudad, Rómulo y Remo acuden al augurio para la elección del rey. Este augurio, que costará la vida al segundo hermano, consistió en ver a quién de los dos se le aparecían más buitres en vuelo. Cicerón, en su *República*, no solo indica que Rómulo constituyó augures durante su reinado, sino que además él mismo había sido un augur excelente. La idea de que Rómulo constituyó la institución de los augures no es segura porque, aunque Cicerón dice que en su reinado se establecieron tres, pastores de profesión, Tito Livio asegura que no existieron. Con todo, parece que su número fue aumentando de tres a diecisiete durante la República hasta Julio César, siendo su número considerado según necesidades durante la época imperial.

El nombre de augur deriva del verbo *augere*, que significa aumentar; se entiende que las posibilidades de éxito de un emprendimiento. Es por ello por lo que, al ver doce buitres frente a los seis vistos por Remo, fue Rómulo quien se consideró más oportuno para emprender la tarea de ser el rey, pues su triunfo se vería así aumentado, *aucturus*. Al ser una institución creada por Rómulo —como muy temprano por Numa Pompilio— es el sacerdocio más antiguo de Roma. El título de *Augur publicus Romani Quiritum* era la denominación oficial del cargo de aquellos que formaban el *colegium*, regulado por un derecho augural y con enseñanzas estipuladas. La figura del augur no era considerada dentro de la *divinatio*, puesto que no adivinan, sino que interpretan la voluntad de los dioses, y aconsejan y declaran o no, lícitos los proyectos. Su potestad es la *nuntiatio*, pero la decisión es del cónsul. Actúa, así, como una especie de perito y su observación no es vinculante.

Sus observaciones de las aves (*ex aues*), del cielo (*ex caelo*) y de los portentos (*de diris*) eran muy importantes para la vida de la ciudad y, en palabras de Cicerón, «... no se emprendió negocio público de paz o de guerra sin observar los auspicios». Esta toma de los augurios se conocía como *inauguratio* y, como hoy, era el inicio de cualquier ceremonia.

Figura importante en Roma desde el punto de vista de la *apotropaeia* era también el sacerdocio de los *saliares*. Estos, constituidos también en colegio, eran los encargados de rituales en los que se danzaban y cantaban letanías. Los ritos de los *saliares* tenían, por lo general, un fin mágico de alejamiento de las desgracias de la ciudad, así como de los malos espíritus y de los enemigos. Sus cantos, que servían como conjuros, han sido considerados por muchos autores, entre ellos Plutarco, como muy antiguos (*ueterem memoriam*) y, en palabras de Quintiliano, eran «entendidos a duras penas por los sacerdotes».

En general, el sacerdocio estaba muy especializado en Roma. Los *frates arvales* realizaban los ritos concernientes a la fecundidad de los campos, entre los que se incluía un sacrificio anual a la diosa Dia. Los *luperci*, relativos a la trashumancia, empezaron siendo rituales agrestes y pastoriles que se extendieron a la ciudad e, incluso a regiones vecinas.

En cuanto a la magia, las denominaciones de *maleficus, magus, sagae, striges* o *sicariis*, no parecen diferenciarse más que en el uso o grado de la magia. De la legislación se desprende que estos personajes deambulan por la ciudad ofreciendo múltiples y diversos servicios, y encontramos mucha normativa prohibiendo y expulsando a sus practicantes. Con todo, la mayor parte de los recetarios conservados de medicina natural son mágicos o recurren a descripciones, procedimientos y materias médicas que escapan a la medicina oficial. Asimismo, los filtros amorosos y los conjuros para revertir el efecto de lo que se consideraba una maldición estaban al orden del día en Roma.

Al entrar en el medievo, la amplitud territorial y antropológica que el estudio introductorio podría adoptar lo convertiría en una monografía, algo que no es la intención del ensayo al que introduce, pues supera sus objetivos geográficos y temáticos. Es por ello por lo que centraremos nuestra atención a partir de ahora en el territorio hispánico.

La diversidad de prácticas médicas y sanadoras que confluyeron en la España bajomedieval, fueron el resultado de las diferentes concepciones que, sobre la enfermedad y la terapéutica, tenían las diferentes culturas de las que la sociedad hispana se componía más allá del siglo XIII. Mudéjares, judíos y cristianos tenían ideas bien distintas sobre el origen de las enfermedades y su conjuración.

La conquista cristiana supuso la introducción de un saber escolástico alejado de la práctica médica empírica y basado en una interpretación de la morbilidad centrada en parámetros más morales que fisiológicos. La medicina judeo-árabe, que había proliferado en la sociedad castellana y aragonesa durante los siglos de dominación islámica, dio paso, con la conversión de muchos de sus habitantes al cristianismo y ante la necesidad impuesta por las autoridades cristianas de que los médicos pasaran por un tribunal universitario que los examinara, a una medicina que se articuló a partir de las prácticas populares. La medicina científica judía y árabe, controlada socialmente por el miedo a la pérdida de la licencia otorgada por los mencionados tribunales, cedió y fue sustituida por la práctica médica popular.

El término para designar a los médicos judíos en la Corona de Aragón fue el de *metge, fisich* o *alfachim*. Los tres términos son sinónimos y hacen referencia al galeno dotado de cierta preparación intelectual y académica, lo cual indica la importancia de la tradición judeo-árabe en la medicina científica de la España medieval. En cuanto a la medicina mudéjar no parece que tuviera tanta importancia una vez terminada la conquista, aunque sí que parece que continuó siendo estudiada en las *madrasas* de las morerías urbanas. Con todo, si bien el acceso a la profesión médica de los no cristianos no fue permitida en un primer momento, no quiere decir que no fuera practicada por judíos y mudéjares e, incluso, que estos médicos atendieran a pacientes cristianos y monarcas. Hay constancia de que las cortes de Jaime I y su hijo Pedro III de Aragón contaron con médicos y alfaquíes judíos y que estos, por su condición de cortesanos, recibieron tierras en los territorios conquistados que gestionaron de manera absentista. (Hinojosa, J.).

El Fuero Real de 1255 regulaba el ejercicio de la medicina y procedía a una cierta selección en el otorgamiento de las licencias médicas. Las Cortes de Monzón de 1289 exigieron a los médicos que quisieran ejercer su profesión, la superación de un examen ante un tribunal compuesto por médicos judíos y cristianos. Ante esta obligación, la más difícil integración y el goteo constante de la emigración mudéjar, hizo que el colectivo musulmán fuera más permeable a las prácticas sanadoras de tipo supersticioso. Ello afectó también a muchos de los practicantes judíos y cristianos que no se vieron preparados o que, simplemente, no tenían la formación necesaria para superar dicho examen, los cuales continuaron ejerciendo de manera clandestina, paralela y espontánea sus actividades sanadoras.

La creación del Tribunal del Protomedicato por los Reyes Católicos mediante las Pragmáticas de 1477, 1491 y 1497, supone la centralización en una burocracia estatal del monopolio del ejercicio médico para el otorgamiento de las licencias. Había de comenzar así un proceso de profesionalización médica que abocaría a la restricción de la titulación universitaria para el acceso al ejercicio de la medicina. Terminaba así el criterio establecido en Monzón mediante una serie de Pragmáticas de Felipe II (1563, 1579, 1588 y 1593) que obligaban a los protomédicos a examinar únicamente a médicos graduados en la universidad, después de dos años de práctica, antes de que pueda dárseles la 'carta de bachilleres'. Esto era equivalente a reafirmar que el saber médico estudiado en las universidades era el único válido para ejercer la medicina.

Como recuerda Campagne (1996), a pesar de los empeños puestos para que el monopolio de la praxis recayera en la medicina científica y/o académica, esto estuvo muy lejos de hacerse realidad en la práctica en los siglos XVI y XVII. Esta situación fue en gran medida resultado de la mentalidad social, que no aceptaba que la capacidad de curación residiera únicamente en una graduación universitaria, ni veía por qué debía limitarse sólo a ella. Nadie consideraba que al primer profesional que había que consultar fuera al médico diplomado y, por lo general, teniendo en cuenta el estatus social, la consulta solía ser paralela. La medicina popular o alternativa no fue utilizada sólo por las clases marginales, aunque estas en muchas ocasiones sólo podían acceder a aquella, y fue utilizada por todos los estamentos de la sociedad española (Campagne, F. A. 1996).

De esta forma, los enfermos recurrían a la vía religiosa mediante los milagros y la acción de los santos, sacerdotes o la vertiente taumatúrgica del rey; a la vía empírica a través de parteras y comadronas, *reparahuesos* o algebristas, hernistas, batidores de cataratas, barberos y sacamuelas, y a la vía mágica propiamente dicha con la intermediación de saludadores, ensalmadores, nóminas y hechiceros.

Una de las figuras del cristianismo, con difícil paralelo en otras religiones, es la del santo, persona con una particular elevación ética y con una especial relación con la divinidad, al que se les atribuye poder de intermediación en el mundo físico como resultado de su propiciación. La presencia del santo se efectúa a través de las reliquias y los santuarios, objetos y lugares con los que se realizaba la acción santera. Así, san Lucas, san Cosme y san Damián, san Pantaleón, san Martín, todos ellos en vida relacionados con el oficio curativo, fueron desde un principio asociados a la medicina y propiciados por sus capacidades curativas. Asimismo, a personas 'elegidas' por la divinidad se les reconocen virtudes que van más allá de la acción humana y a las que se les atribuye la capacidad de promover actos milagrosos gracias a la intervención de un ser sobrenatural, santos, vírgenes o la misma divinidad. Las fuentes relatan un sinnúmero de ermitas llenas de ataúdes vacíos y muletas olvidadas, como es el caso de la ermita del municipio toledano de Maqueda; apariciones marianas y de santos que otorgan poderes sanadores a personas, generalmente niños (Fátima), o dan indicaciones sobre dónde instalar un templo o en dónde cavar para hacer brotar una fuente de aguas sanadoras, como el caso de santa Lucía en Peña de Aguilera, también en Toledo. Proliferan en este momento las aguas y aceites bendecidos por santos a los que se suponen acciones sanadoras, como el caso del aceite bendecido por san Vicente Ferrer que se conserva en la ermita de la Villa de Agullent en Valencia, o la extremeña agua de santa Ana muy utilizada en los siglos modernos para la fiebre.

Con todo, a pesar de la reprobación por parte de la Iglesia de las prácticas supersticiosas, como vemos, muchas de las supuestas curaciones sobrenaturales tenían un origen o cierto componente religioso. Los sacerdotes, valiéndose de su plano taumatúrgico fueron los primeros que potenciaron estas prácticas excusándose siempre en su aura de santidad. Es cierto que durante la Alta Edad Media, los monasterios, sobre todo benedictinos, llenaban sus aposentos de enfermos, y los monjes tenían importantes conocimientos, no solo empíricos, sino también de buenas prácticas. Ya durante los primeros años del segundo milenio de nuestra era, las autoridades eclesiásticas empezaron a prohibir las prácticas médicas a los religiosos. No obstante, como recuerda Campagne (1996), «la necesidad de reiterar el mandato a partir del Concilio de Clermont (1130) demuestra lo arraigada que estaba la figura del médico-sacerdote». Fuera laica o piadosa, esta afirmación demuestra que la práctica popular de la medicina y la asistencia comunitaria, no podía desprenderse sin más de la estructura social.

Entre los servicios 'curativos' más conocidos del párroco o del sacerdote se encuentra, como no podía ser de otra manera, el exorcismo. Esta práctica, por lo demás antigua, utilizada ya como vimos por mesopotámicos, egipcios, judíos o griegos, fue mantenida por el cristianismo como método eficaz de expulsión de los demonios del cuerpo de las personas poseídas. En esta especie de psicoterapia administrada por la Iglesia parece que fue san Benedicto de Nursia (480-543) el que más sobresalió. También podían ser objeto de exorcismo las maldiciones demoníacas provocadas sobre las cosas o los campos. Se documenta en Alcoy en 1641 un ritual de exorcismos de los campos después de hisoparlos con agua bendita de san Gregorio para librarlos de una plaga de langosta; y cuarenta y cinco años después vuelve a documentarse en Elda y Cocentaina (Alicante), población en la que en 1687 se realiza la entrega a la ermita de San Loreto de una *quarta d'aigua* que había sido pasada por la reliquia del santo (Alberola. 2003).

La posesión era, muy a menudo, confundida con la enfermedad, de manera que en muchas ocasiones se llamaba al sacerdote en vez de al médico. El padre Chiesa, que había sido encarcelado en 1697 por practicar exorcismos, afirmaba que era precisamente la acción de los demonios sobre las personas la razón de la mengua en los años de vida respecto a las escrituras, en las que se encontraban casos de individuos que llegaban a vivir hasta casi mil años. Tanto llegaron a confundirse posesión y enfermedad que Martín de Castañega en su libro *Tratado de las supersticiones, hechicerías y varios conjuros y abusiones, y de la posibilidad y remedio dellas* hubo de hacerse eco de ello al reprobar a aquellos que por «alguna especie de manía o flaqueza de cerebro» se hacían los enfermos de dolencias no conocidas por los médicos.

Quizá del oficio de exorcista, como una evolución menos supersticiosa, aparece la figura del santiguador. Como parte del procedimiento del exorcismo, precisamente y entre otras cosas, se practicaba en los supuestos posesos la señal de la cruz. En principio, el hecho de santiguar al doliente no tenía como finalidad expulsar a los demonios sino la enfermedad del cuerpo aquejado. En sus *Naufragios*, Alvar Núñez Cabeza de Vaca cuenta la fracasada expedición de Pánfilo de Narváez a La Florida en 1527 de la que logró sobrevivir junto con otros tres expedicionarios. Entre otras cosas, narra cómo fueron obligados por los indígenas norteamericanos a ejercer de médicos y cómo conseguían sugestionarlos mediante oraciones y el santiguado de los que decían estar aquejados de diversos dolores, de manera que, hecho esto, los mismos nativos referían encontrarse mejor. Durante el siglo siguiente vamos a encontrar a estos santiguadores en algunas crónicas, los cuales ya parece que empiezan a requerir una serie de condiciones para serlo, como ser nacido séptimo hijo varón. Concretamente, mencionado por Campagne (1996), encontramos uno que trató a la reina madre Mariana de Austria en la corte de Carlos II de un cáncer de pecho realizando el procedimiento sobre la zona afecta.

Estas virtudes taumatúrgicas por asociación al oficio sagrado hacían de los sacerdotes figuras ideales para la realización de curaciones extraordinarias, y muchos aprovecharon la oportunidad para acrecentar la superstición religiosa. Algunos de los más famosos chupadores, llamados también mamadores en Latinoamérica, fueron además clérigos. Los chupadores se caracterizaban por la curación a través de la succión o el lamido de la zona afectada por la enfermedad. Fray Andrés de la Rosa se hizo especialmente famoso en la segunda mitad del siglo XVI al tratar los cánceres de pecho de las mujeres de este modo. Aunque pudiera parecer un procedimiento ordinario y poco corriente, la verdad es que ha sido más utilizado de lo que pudiera parecernos, y continúa practicándose. Encontramos en la sierra de Puebla en México a los llamados *tlapoche*, genéricamente curanderos, cuyo principal método de curación es, precisamente, el chupado ritual de los enfermos y la succión de partes malsanas de las que extraen la mancilla que es arrojada al fuego purificador. Los zapotecos los llaman *benigogoba*, literalmente 'los que chupan', esto es, chupadores. El antropólogo E. E. Evans-Pritchard estudió casos similares entre los *azande* al sur de Sudán, los cuales piensan que alguna materia extraña (*hu mangu*) se ha introducido en el cuerpo del enfermo provocando el morbo, y debe ser extraída mediante la succión. Hoy en día continúa practicándose familiarmente, en todas las casas, para la extracción de espinas o la curación de heridas.

Dejando a un lado la vía religiosa, aunque nunca desligándonos del todo de la acción sobrenatural, existieron en la España moderna una serie de especialistas populares que mediante una 'gracia innata' concedida fortuitamente, el empleo de fórmulas y ritos ancestrales y la utilización de algún remedio natural, hacían las veces de galenos improvisados.

Como hemos visto, en la Grecia antigua se utilizaba la llamada cura por la palabra o *ēpodē*, el canto mágico. En España, los magos encargados de la recitación de las plegarias curativas (*euchē*) eran llamados ensalmadores (ensalmo o conjuro podría ser un intento de traducción de la *ēpodē* griega). A diferencia de Grecia, en la España moderna, los ensalmadores utilizaban la palabra en el sentido que los griegos le dieron a *euchē*, la plegaria bondadosa, y no parece que la usaran para articular maldiciones o juramentos; acciones que estarían más reservadas al hechicero o al brujo. En general, el ensalmo seguía la estructura clásica de invocación, justificación y súplica. Desde el principio las élites intentaron separar estos ensalmos de la religiosidad y fueron considerados siempre supersticiosos, y así se refleja tanto en Castañega como en Ciruelo. Es por ello que los ensalmos tuvieron siempre la consideración de conjuros, por más que estuvieran plagados de continuas invocaciones a la Virgen y los santos. Ayudaba a ello que, más que plegarias, muchos de ellos fueran exhortaciones más o menos sólidas que pasaban del solícito favor a la orden directa. Con todo, los ensalmos iban acompañados de procedimientos mecánicos o remedios naturales que, con toda seguridad, cuando surtían efecto era más a consecuencia de ellos que de las oraciones.

Otro especialista, más propiamente español, aunque con paralelos en otras latitudes, era el saludador. Como el lector se habrá percatado, la raíz del nombre es la palabra salud y parece que la generalización de la utilización del término se sitúa allá por los siglos xv-xvi, según el *Diccionario crítico etimológico castellano e hispánico* de Corominas y Pascual. Significaría, así, aquel que da o provee salud. En un principio, es un especialista cuya dedicación primordial es la curación de la rabia o hidrofobia, tanto en personas como en animales, mediante diversos métodos.

El poder del saludador residía en la boca. La más extendida de las virtudes de este especialista era la aplicación del aliento y la saliva para la curación de la rabia, actuando a veces como chupadores. Esta propiedad, no obstante, era otorgada de manera sobrenatural, por eso fue calificada de supersticiosa por los poderes eclesiásticos. Para ser saludador había que cumplir una serie de condiciones o, al menos, alguna de ellas que, según la mentalidad popular solamente eran ofrecidas por el cielo. Según la tradición vasca un saludador tenía que haber nacido el séptimo de siete hermanos varones sin que hubiera entre ellos interrupción femenina o la séptima de las hermanas, sin hermanos, sí era saludadora. Al igual que se le atribuía a san Roque, que había sido sanador en vida, había de encontrarse en ellos una cruz grabada en el cuerpo como marca de nacimiento.

En Asturias, además, podían añadirse multitud de enigmáticos signos, como haber llorado en el seno materno, haber nacido la noche de Nochebuena o en Viernes Santo o tener inscrita debajo de la lengua o en el paladar la rueda de santa Catalina, santa a quien, junto a santa Quiteria, se le atribuía el origen de la capacidad de sanar la rabia (Aguirre, 1990. Martínez, 1987).

Como fuere, las virtudes de los saludadores fueron ampliamente utilizadas y, aunque hubo muchos que las reprobaron, entusiastas antisupersticiosos como fray Martín de Castañega no vieron en ellos hechicería: «… cada día vemos que la saliva en ayunas cura las sarnillas y algunas llagas sin aplicar otra medicina. Desta manera podría ser que algunos hombres fueran así complexionados que tuviesen virtud natural oculta en el aliento o resollo y en la saliva [...]. De donde parece que no son de condenar los que tales virtudes naturales muestran...» (Castañega. 1994 [1529]). Con todo, aunque continuó su desacreditación por parte de las élites, los saludadores continuaron ejerciendo sus actividades hasta, al menos finales el siglo XIX, cuando en fecha de 1870 aún se publican solicitudes de asistencia en periódicos madrileños. Otros métodos utilizados por los saludadores como la aplicación de hierro al rojo persistieron en el País Vasco hasta bien entrado el primer cuarto del siglo XX.

Muchos de estos oficios de naturaleza o condición sobrenatural existían porque determinadas enfermedades se suponían imbuidas de cierto origen, también, sobrenatural. Podemos encontrar en la España de los siglos XV al XVIII, muchos testimonios, tanto en crónicas, breviarios como en obras literarias, enfermedades contra las cuales los médicos no podían actuar por haber sido contraídas gracias a la acción de la hechicería. La figura de los hechiceros y las hechiceras, y por extensión el fenómeno de la hechicería, está presente en la mayoría de las culturas. Definimos hechicería como la utilización de la magia a distancia para provocar efectos sobrenaturales sobre personas o cosas. El mecanismo de acción de la hechicería es lo que llamamos maleficio.

Extendida la idea de que el hechicero puede provocar enfermedades, ciertas dolencias eran inconscientemente asociadas a maleficios. Es evidente que contra ellas el médico resultaba impotente, de manera que esta circunstancia potenciaba el mecanismo del contramaleficio. Esta es una de las razones por las que ensalmadores, nominadores y otros hechiceros que se dedicaban a combatir o neutralizar el efecto de la magia negra no podían desparecer de la lista de servicios ofrecidos por la sociedad moderna. Como la cura pasaba por más hechicería, esta tenía también una vertiente que podía ser utilizada para la sanación. Es el caso de las desaojadoras y las desligadoras. Las primeras, literalmente «las que deshacen el aojamiento», eran las encargadas de conjurar el mal de ojo. El aojamiento, según el Diccionario de la Real Academia Española de la Lengua, es el «influjo maléfico que, según se cree supersticiosamente, puede una persona ejercer sobre otra mirándola de cierta manera, y con particularidad sobre los niños». Ni que decir tiene que era una práctica castigada por cuanto se suponía la intención dolosa sobre otra persona. Una de las aojadoras famosas de Málaga, Ana Muñoz, apodada la Rata,

Saludador, Ilustración de Miguel Zorita para este libro.

fue ejecutada por la Inquisición en tiempos tan recientes como 1756 (Archivo Histórico Nacional, Inquisición, 3721, Exp.48). Las desligadoras, por su parte, deshacían las ligaduras, maleficio que impedía el acto sexual y la consumación del matrimonio mediante el anudamiento mágico de los genitales masculinos. Esta castración mágica (*aguillete* para los franceses) provocaba no pocos quebraderos de cabeza a los hombres de los siglos XVI y XVII, los cuales acudían en tropa a las desligadoras. En Toledo, Leonor de Barzana curaba la supuesta impotencia mediante nóminas benditas, el Evangelio de san Juan y un ritual hecho con las uñas de pies y manos, pelos de diferentes partes del cuerpo, un trozo de pan mordido por el afectado y unas candelas.

En cuanto a la acción de la sanación por la vía empírica y natural, es de obligada mención la figura del curandero. He dejado deliberadamente para el final a este especialista popular por cuanto es el que, no siendo posterior a los anteriores, les sobrevivirá, hasta cierto punto, heredando las características de todos ellos. Aunque en un principio el curandero es una persona que conoce de ciertas prácticas mecánicas y materias médicas, tanto vegetales como animales, y que actúa fuera de lo que podríamos llamar el patrimonio mágico; con la desaparición de los desempeños más supersticiosos en la época contemporánea, será el curandero el encargado de hacer pervivir algunos y empezará a confundirse con todos ellos.

— 1 —
Primeros pasos de la magia

«Yo he vencido al mundo».
(Evangelio de Juan, XVI-33)

Existimos y vivimos abrumados por una tecnología muy avanzada y, por mucho empeño puesto en ello, la medicina sigue siendo todavía una ciencia inexacta en muchos aspectos. Es evidente que todavía no se han logrado resolver ni sanar muchas enfermedades contra las que lucha la humanidad con insistencia y tenacidad desde hace muchos años, ni tampoco tienen una explicación definitiva a ciertos padecimientos del ser humano.

En nuestra mentalidad actual y creencias arraigadas de este presente siglo XXI, es muy difícil, en numerosas ocasiones, entender a nuestros antepasados o algo más cercano a nivel de parentesco en nuestras fechas de hoy, como nuestros abuelos o incluso bisabuelos, cuando los mencionados familiares nos relatan sus experiencias estando enfermos y los tratamientos aplicados para su sanación sin sentido médico o resolviendo problemas cotidianos, incluso sociales, con unos medios rústicos y de índole pagana; término que viene de la locución *paganus*, es decir, rústico o aldeano.

Resulta complicado concebir para las nuevas generaciones sobre todo, cómo vivieron en aquel mundo, de años pasados, inspirados en la magia, en la superstición, en la fe y, sobre todo, en unos oficios atávicos que convivían con normalidad entre aquella sociedad, bien para sanarse, para erradicar un acto de mala fe o porque era una esperanza a la que se aferraban; hasta buscaban un remedio para facilitar su vida laboral realizando ritos insospechados ante figuras religiosas o santas.

Aunque no todas las actividades que empleaban eran bien vistas; por ello, muchas se realizaban en clandestinidad, con mucho temor a las autoridades religiosas o administrativas de sus tiempos, incluso a los resultados, pues el bien y el mal hacían acto de presencia según los conceptos místicos de ciertos ritos aplicados; no todo era magia celestial. Existía un temor arraigado en sus mentes, especialmente adoctrinadas por la Iglesia, ya que ellos eran jueces de lo correcto e incorrecto.

A pesar de ello, siguen surgiendo algunas nociones y fundamentos casi olvidados en nuestros días, especialmente en las zonas rurales o alejadas de las grandes urbes, donde la tradición, folclore y ritos ancestrales se han mantenido gracias a las herencias familiares que han logrado conservar aquellos recuerdos estrambóticos, misteriosos o efectivos de unas prácticas impensables o que no cuadran en la concepción de estas nuevas generaciones. Por supuesto, en las zonas alejadas han tardado más tiempo en llegar ciertos avances, desde la profesión médica hasta los equipos de diversas tecnologías, que son imprescindibles hoy en día.

Una pequeña muestra de ello es la zona comarcal del Maestrazgo castellonense; en el año 1900 existía una tasa de analfabetismo que se acercaba al 80% de la población y muchos avances de la modernidad, que mejoran la calidad de vida, no llegaron hasta bien entrado el siglo XXI.

Sin embargo, para entender este curioso y, a su vez, misterioso mundo tan peculiar, debemos enfocar y explicar aquellas culturas ancestrales y actividades mágicas que, hasta no hace mucho tiempo, todavía eran incapaces de asimilar y entender las enfermedades como algo natural o concebir las causadas por procesos infecciosos. En la mayor parte de tiempos pasados, pensaban que la mano de Dios les estaba castigando por sus herejías, pecados o, incluso, maldiciones ajenas, algo que se conoce como mal de ojo, supuestos hechizos o falta de decoro a la hora de dar sepultura a un finado. Incluso, comprender ciertos aspectos de los fenómenos de la propia naturaleza, como una tormenta, un ciclón, una época de sequía o un fuerte viento, siempre los vinculaban a la mano divina o bien a la maligna que también era responsable de muchos hechos y hasta de los cambios meteorológicos. Para ello, se recurría como solución a unas costumbres mágicas adaptadas localmente, algo englobado en lo denominado chamanismo, actividad mágica que englobó las funciones de mago, sacerdote, profeta o sanador en su sola figura.

No debemos dejar de lado que, el ser humano, fue un individuo esencialmente instintivo. Esta facultad le ayudaba y le permitía actuar y sobrevivir en medios rudos, inhóspitos, hasta violentos. Ese sentido innato de la humanidad, ha ido perdiendo protagonismo conforme aumentaba la capacidad de razonamiento, la imposición de conceptos ideológicos y control de recursos; olvidando y arrinconando esa virtud mágica que sólo poseen los animales y un ínfimo porcentaje de la humanidad que ha logrado conservar ese misterioso y sensacional don.

De forma breve y resumida, nos adentraremos en estas páginas en un recorrido por los orígenes básicos de la superstición, de recursos arcanos y de la magia ancestral, ubicándonos, como punto de partida de este análisis compendiado, en una época que se vislumbraba el fin del Imperio romano, en el año 476, cuando Odoacro, un caudillo bárbaro, destituyó al emperador Rómulo Augusto.

A esta situación de decadencia, se suma una paulatina destrucción de su cultura y de sus conceptos sociales y, en medio de este caos, surge en esos momentos un crisol de magia producido por los intercambios culturales de las nuevas tradiciones procedentes de las regiones germánicas, la hebraica, y, por supuesto, las prácticas romanas que conservaban y mantenían cierta popularidad generalizada y difundida por las provincias romanas que dominaron. Unos tiempos que la religión y la magia iban prácticamente a la par. No existía una clara diferencia a la hora de separar responsabilidades en aquellos tiempos.

Se sabe que durante la presencia romana en la Valentia Edenotarum (nombre con la que se conocía la ciudad de Valencia en tiempos de dominios de Roma), se observaba el auspicio del vuelo que las aves efectuaban o bien, sacrificaban un animal como liturgia religiosa, como ofrenda a sus dioses para aplicar, después del sacrificio; un rito mágico basado en los vaticinios y porvenir a través de un análisis visual de sus vísceras. No era fácil, evidentemente, ya que para realizar esto era, de imperiosa necesidad, la presencia de un especialista en sacrificios rituales, junto a un experto en la interpretación de aquellos despojos internos del animal; estas personas se les conocía como los augures.

¿Pero cuándo surgieron las diferentes supersticiones junto a la necesidad de un maestro de ceremonias? Posiblemente con el inicio de las religiones, pero debemos centraros en un vocablo: *mageia*. Es una palabra de origen griego que ya se utilizaba desde el siglo v a. C. para designar los ritos de los sacerdotes zoroástricos que llegaban de la lejana Persia, unos personajes que ya eran conocidos como los *magoi*. Estos sacerdotes de la dinastía persa de los Sasánidas (224-729), eran muy admirados por su sabiduría y la virtud de poder obrar ciertos milagros, así como otros prodigios.

Estos extraños *magoi* de origen persa no estaban bien vistos por los sacerdotes y protectores de los cultos griegos, la consideraban como una actividad oscura, alejada de las creencias religiosas de los griegos, ubicando sus conceptos más cerca de las tinieblas y del mal.

La palabra *mageia* va evolucionando hasta que llega al momento del dominio del Imperio romano, que ya se refieren como magia cuando los ritos y sus prácticas eran diferentes a las experiencias religiosas del culto romano predominante de aquellos tiempos.

Con la llegada de las religiones monoteístas, la palabra magia, cambia para siempre su significado. La creencia en un único Dios produjo un efecto de rechazo al resto de creencias y ritos conocidos de cualquier procedencia. Los relacionan dentro de un mundo tenebroso, oscuro, basado en el paganismo, la superstición y artes malignas. Tales prácticas, ajenas al poder de un único Dios que prevalecía, sólo encajaba en los poderes más malévolos y más proclives al poder del demonio. Por este concepto, la palabra magia y sus prácticas próximas, ya estaba puesta en el punto de mira de muchas creencias monoteístas; deseaban erradicar estos procedimientos, una praxis que se vio abocada a la supervivencia en un mundo imaginario, un mundo paralelo al que se vivía con la cultura y religión dominante, por una sola causa: miedo al castigo, a la condena, al destierro y a la muerte.

La presión provocada en el territorio levantino por parte de las leyes inquisitoriales, no evitó que desapareciera las prácticas mágicas ni tampoco acercarse a los conceptos más tenebrosos. Los interesados seguían practicando, estudiando e intercambiando conocimientos, alejados siempre de los curiosos, buscando refugio en montañas, bosques y, especialmente, distanciados de las grandes urbes, pues existía mayor control y vigilancia en estos núcleos. Por ello, el mundo rural es más rico en su acervo de funciones atávicas como son los curanderos, *conjuranderos, tornabraços,* adivinos… entre otras profesiones que, en principio, eran consideras como pensamientos y usos muy peligrosos para el dogma de fe que profesa la religión verdadera.

Sin embargo, en la región valenciana y otras muchas, este tipo de creencias han logrado fusionarse; la magia más ancestral de origen romano con la fe cristiana a través de oraciones, añadiendo los ritos y tradiciones de la herencia islámica incluso inspiraciones judaicas.

Durante los primeros tiempos de la denominada Edad Media, la Iglesia ha tratado de convencer a toda la población, sugiriendo la

Oracionero, fuente periódico *La Estampa,* 1930-1934.

erradicación y abandono total de las creencias en las prácticas mágicas, produciendo una escisión cultural en sus dogmas; sumando lamentablemente, la trágica caza a los usos de ritos paganos por parte de la Iglesia, es decir la Inquisición.

En muchos archivos, tanto en pequeñas localidades hasta en las grandes ciudades, existen referencias y anotaciones de carácter judicial contra adivinos, nigromantes, personas que controlaban las tormentas o truenos... entre otras profesiones peculiares y virtudes ignotas de algunos vecinos.

Otras sanciones, con el castigo correspondiente según la gravedad, alcanzaban de pleno a los denominados hechiceros o magos a los que la población, de manera clandestina, solía acercarse y consultar para buscar un consejo espiritual, sanarse de diferentes enfermedades hasta conseguir un amor imposible o ruptura, que también había espacio para el desamor en tiempos pasados. Este tipo de personajes se refugiaban a menudo en lugares que, posteriormente, llegaron a ser santuarios cristianos con tal de suprimir esas creencias paganas.

Sin alejarse en la historia mucho tiempo, durante unos años comprendidos entre 1910-1915, el Gobernador civil de Valencia, dispuso

A Feiticeira.

de unos edictos que prohibía las actuaciones de hipnotizadores, además de vigilar de cerca las novedosas experiencias basadas en el espiritismo, sanaciones y prácticas que se pusieron de moda en Europa gracias a las divulgaciones publicadas y difundidas en unos años anteriores por Allan Kardec.

La mayor parte de las sentencias de siglos anteriores las acapararon las mujeres. Ellas realizaban diversas prácticas de sanaciones, pociones elaboradas con una base de herboristería, nudos mágicos, hechizos, amuletos... entre otras peculiaridades que, en esos tiempos, se creía en su efectividad casi a ciegas.

A esta lista de prohibiciones se añadió, poco después, creer en las influencias de los planetas, las estrellas del firmamento o estar en posesión de notas con extrañas fórmulas de invocaciones y de funciones mágicas.

A pesar de los esfuerzos por parte de las autoridades eclesiásticas, y por ende de la Inquisición, no evitaron que continuaran apareciendo, en numerosas crónicas medievales hasta bien entrado el siglo xx, los usos de las artes mágicas y su abanico ancestral de ritos, a pesar de la desaparición del tribunal de la Santa Fe. El ser humano seguía siendo anhelante en conocimientos y las ambiciones de sanarse y lograr poder en la vida.

A estas tradiciones ancestrales, con el paso del tiempo, se le fue sumando otras formas de ritos, de concepciones, de fórmulas y el nacimiento de otros oficios vinculados, evidentemente, influyó mucho en la perspectiva que se vivía en cada instante de la historia de la región; por ejemplo, las epidemias de la peste o el cólera, incluso, la trágica gripe de la cucaracha en los años 1918 que se llevó miles de valencianos y surgieron diversos remedios mágicos para combatirla (de su efectividad ya es otro tema) y, a menudo, surgen conceptos de acusaciones de estrambóticos pactos de brujas e invocaciones de diversos demonios.

El nacimiento de las universidades en España, entre ellas la de Valencia en 1499, supuso un cambio de discernimientos respecto a muchas prácticas consideradas paganas. Se comenzó a fraguar, por presiones de estas cátedras, una larga sombra y señalamiento contra los hechiceros, conjuradores, incluso los sanadores. Esto provocó que, gradualmente, las actividades más extrañas se ejercieran en clandestinidad por temor a represalias.

Curiosamente, y a pesar de las persecuciones, las dudas generadas ante ciertas pericias, hizo que la Iglesia subvencionara hasta una profesión con un aura de santidad y magia a la vez, los saludadores. Realmente, la Iglesia no adoptó una posición clara ante los saludadores; en algunos lugares eran perseguidos por el Santo Oficio, en otros eran aceptados con una licencia del obispado o bien contratados por diferentes párrocos. Un tema que profundizaremos en un capítulo de este libro que tiene en sus manos.

Pero, ¿quién alentaba tanta persecución, quién fustigaba a la Inquisición para dar rienda suelta a la caza de estas prácticas?

Unos de ellos, sin duda, es el popular y reverenciado santo valenciano, san Vicente Ferrer. Este religioso no tenía reparos en dictar sentencias de muerte o de castigo, bastante crueles por cierto.

Para ello, basta con leer sus conocidos sermones que duraban horas frente al público; aquí cito un ejemplo de su obstinación y odio, que deseamos analice cada renglón: «… porque si tu padre, tu esposa u otra persona enferma, o tú has perdido algo, o estás en la angustia, nunca vayas a los adivinadores sino a Dios. Y vosotras, mis hijas, si vuestros hijos sufren alguna enfermedad, no hagáis ningún tipo de hechicerías ni vayáis a las hechiceras, porque para los niños sería mejor morir. Las mujeres irán a confesarse y dirán: 'el niño estaba enfermo y no había médico alrededor, así que fui al hechicero'. El confesor le responderá: 'un grave pecado has cometido' y ellas se defenderán argumentando que cómo pudieron dejar morir al niño. Habría sido mejor que muriera. Ella fue a los adivinos y adivinas, a los demonios, porque todo lo que hacen, lo hacen mediante acción de los demonios. ¡hechicerías diabólicas! Eso es lo que los adivinos y adivinas son, hechiceros y hechiceras que hacen las cosas con encantos, pan, botellas y platos. Evita su presencia en tu circunscripción, la ira de Dios caerá sobre el pueblo y su circunscripción…». (*Sermones* de san Vicente Ferrer, 1566)

Este tipo de reprimendas lanzados con energía a viva voz desde los púlpitos de las iglesias, supuso un notable declive en las habilidades mágicas. No solo eso, sino que ya vinculan estos ritos con el mundo de la tenebrosidad y el entorno del diablo. El miedo y castigo comenzaba a estar en las mentes del pueblo y sus objetivos de mejorar la salud se veían en entredicho, pues las oraciones y súplicas a Dios no era suficiente para aplacar el dolor físico que desplegaba la enfermedad.

Con ello, comenzó un cierto éxodo y expulsiones, en muchas aldeas y ciudades de la región valenciana, de aquellos que la practicaban, acusándolos a menudo de brujería.

La palabra superstición, siempre era designada para señalar a creencias y usos de religiones extrañas; y otro personaje que alentó estas persecuciones fue Agustín de Hipona, más conocido como san Agustín (354-430).

En su obra *La ciudad de Dios*, señala la superstición como un culto para obtener el Dios verdadero, pero como culto a los falsos dioses, a religiones paganas. A ello también se refería a la creencia en los amuletos, visiones, al mundo onírico, nigromancia, brujería, prodigios... En su conjunto el clero lo condenó sin ambages.

También estaba la magia más natural, más alejada de ceremonias, sin embargo, seguía siendo señalada por las autoridades como «muy peligrosa».

La magia natural estaba implicada a cualquier fenómeno que pudiera ser atribuido a cualquier tipo de fuerza natural, aunque si la fuente la hallasen en fuerzas del demonio, la consideran *de facto* como magia demoníaca. Los cristianos observaban con mucho recelo todo lo relacionado con los sortilegios, aguzaban los sentidos al ver que amenazaban a sus creencias básicas.

Este rechazo tiene su origen en los primeros escritores del cristianismo; por ejemplo Taciano (120-180), reflexionaba que el uso de las hierbas y amuletos no tenían ningún poder destacado, lo consideraba un invento del demonio, como también la adivinación. Insistía san Agustín que la caída del Imperio romano era debido a la propia religión romana, por sus ritos, hábitos litúrgicos rechazados a ojos del concepto cristiano y, sobre todo, la nigromancia. Resumiendo, que todas las aplicaciones de ritos mágicos eran y son obra del demonio menos la cristiana.

Según san Agustín, los demonios, invocación previa, enseñan el uso de las plantas, a controlar animales, encantamientos hasta las sanaciones mediante gestos paganos.

A medida que el cristianismo iba creciendo y logrando más poder, estas actividades cayeron bajo sospecha desde el primer momento. Durante el año 306, un sínodo realizado en la Hispania romana, decretó que las personas que mataban mediante hechicerías o artes similares, no tenían derecho a recibir la comunión, ni siquiera en el momento de su muerte. Y, hasta bien entrado el siglo xii, lo teólogos fueron añadiendo más materias relacionadas con la demonología como, por ejemplo, la geomancia, hidromancia, aeromancia o el análisis del fuego, piromancia.

Al llegar el siglo xiii se encontraron un nuevo desafío que comenzaba a temblar de alguna forma los cimientos de la fe; era el resurgir de la astrología y el avance de la alquimia. Tanto alquimistas como los astrólogos, nunca se han considerado magos ni hechiceros, no obstante, la Iglesia los puso en el centro de la diana, por un motivo: rompieron ese techo de cristal que es el cielo con la observación de las estrellas y planetas que se conocían.

Uno de los santos más populares del cristianismo, Tomás de Aquino, era creyente de los fenómenos extraños, pero estos estaban forzosamente en contacto con algún tipo de ser diabólico que debería conceder los conocimientos más allá de la comprensión humana. En esos tipos de fenómenos incluye el empleo de hierbas medicinales, magia tradicional y, por supuesto, la astrología.

Podemos resumir que cualquier actividad relacionada con la magia y el estudio astrológico, durante la Edad Media y en la mente de los que decidían las leyes de sus doctrinas, estaba vinculado con el demonio.

Por ello, encantamientos, palabras, gestos y costumbres profundamente arraigadas fueron relacionadas con los demonios.

Entre otras tradiciones paganas, que fueron relacionadas con el mundo oscuro, se incluyen rituales en pozos, ofrendas, devociones a manantiales y sanaciones por remedios desconocidos por los teólogos. Esto último es sumamente llamativo, si el religioso no conocía el remedio es porque Dios no ha deseado dar ese privilegio a nadie, toda sanación que no esté en los informes de medicina que estén aceptados por la Iglesia, son obra del demonio. Como tal alentaba san Vicente Ferrer en sus discursos: «… era mejor que se muriese el enfermo si recurre a otros remedios…».

Las leyes promulgadas por las autoridades eclesiásticas y seculares, apenas tenía efecto en lo referente a alejar a las personas de sus viejas costumbres e invocaciones; esto se tradujo en múltiples cambios a favor de la Iglesia: transformar lugares de peregrinación para sanarse o cultos paganos, en lugares de devoción cristiana y, por supuesto, el nacimiento del temido Tribunal de la Santa Fe.

La función de este tribunal es de sobra conocida. No nos adentraremos en estas líneas a su historia y peculiaridad, pero hay que añadir una dato importante de este Tribunal: no tenían jurisdicción sobre judíos o musulmanes; sin embargo, podía condenar a los conversos.

El punto clave de la Inquisición para discernir de inicio es la liturgia del bautismo, en ese momento renuncias al diablo y a las prácticas paganas, recaer es abjurar de la fe cristiana.

Otro aspecto de la evolución de la magia es el uso de la nigromancia. Una actividad casi exclusiva de los hombres, cuya profesión en un alto porcentaje siempre ha sido ejercida por teólogos: la adivinación por medio de los muertos.

Zahorí en acción, ilustración de la obra de Pierre Le Brun,
Historia crítica de las prácticas supersticiosas, 1732.

Un nigromante debía conjurar e invocar al espíritu de los fallecidos, bien como arma o bien para intentar revelar el futuro e incluso para la obtención de información oculta, como documentos valiosos o tesoros.

Fray Francisco Montañana, presbítero de la Iglesia de Santos Juanes de Valencia, ya fue condenado (encerrado de por vida en un monasterio), por sustraer hostias consagradas de la iglesia que ejercía y por recurrir a rituales para desvelar tesoros ocultos; pero no lo llegó a conseguir, puesto que le faltó el libro de *Las clavículas de Salomón* para completar el rito de adivinación y sus prácticas nigrománticas. Libro que curiosamente se escondía con mucho celo y secretamente en los despachos del tribunal valenciano, donde fray Francisco acudió en varias ocasiones para intentar robarlo pero sin éxito. Allí fue detenido *in fraganti* con el libro en la mano tras una ardua tarea para lograr el ejemplar prohibido.

Para los ojos de la Iglesia era un grave delito, sólo una persona tenía el poder de resucitar a los muertos a través de Dios, Jesús. Por lo tanto no eran espíritus puros cuando un nigromante los invocaba, sino demonios que tomaban la apariencia del espíritu del difunto.

Curiosamente la mayor parte de los clérigos eran nigromantes y la muestra es esa reseña enigmática y curiosa de fray Francisco Montañana.

El inquisidor del Reino de Aragón, Nicolau Aymerich, conocía muy bien este mundo, se encargaba de confiscar los libros que trataban el tema. Tenía Valencia entre ceja y ceja. Una frase lapidaria suya es primordial para entender el ambiente que se podía percibir: «Valencia está plagada de herejes y, todo el mundo, consulta a los diablos».

Los clérigos interesados y practicantes de la nigromancia, conocían los nombres de los demonios, y los entremezclaban con otros nombres de santos y de ángeles. Incluso pervertían las plegarias para acabar adorando e idolatrando a los demonios, prometiendo sumisión a cambio de los favores solicitados. Sin embargo, esto hay que tratarlo con sumo cuidado, ya que las fuentes proceden de los inquisidores. Esto significa que la credibilidad en sus acusaciones y peligros siempre estará en duda y llena de apologías fantasiosas. No obstante, los principios básicos de la necromancia están basados en conjuros, círculos mágicos y, en muchas ocasiones, sacrificios. Todo ello dentro de un complicado contexto de aprendizaje y desarrollo de insólitas habilidades.

La censura y señalamiento, por parte de la Inquisición, a la práctica mágica de la necromancia, es una muestra de cómo la sociedad de antaño creía en ciertos ritos. Parece que nos enfocamos en la creencia cristiana, pero no estaban solos en esas prácticas mágicas, la comunidad judía y la islámica también conservan sus nociones.

En la educación judía está la base de sus creencias. En la *beth midrash* (casa de estudio dedicada a la Torá) se aprendían muchas e interesantes nociones bajo la supervisión del rabino, en ello incluye la lectura de la Tanaj, la Misna o el Talmud.

El mundo de la magia apenas se menciona en la literatura judía de origen medieval, sin embargo, era muy notoria. Entre esos intereses estaban las consultas de interpretación de sueños, la adivinación, realizar amuletos, interpretación de signos y, por supuesto, la medicina popular.

La sanación no era un motivo de debate entre eruditos, la consideraban una disciplina científica. Además, existían personajes considerados magos, dependiendo si era un hombre o mujer se denominaban *mekasehf* o *mekeshefah* respectivamente, y debían usar sus conocimientos mágicos para beneficio propio o para los demás.

Seguro que estaban esperando la mención de la Cábala, pero ¿qué es la Cábala? Se ha distorsionado tanto su significado y concepto que están distrayendo entender sus enseñanzas. La Cábala intenta entender a Dios y su creación. La Cábala encarna el intento de convertir la ley escrita en leyes internas que gobiernan el universo. Por ello el judaísmo se convierte en un sistema de símbolos místicos que detallan los misterios de Dios y el universo.

También es considerada una interpretación teosófica, una filosofía que consiste en lograr el conocimiento de Dios a través del éxtasis espiritual. La Cábala, cuando se refiere a la magia, se discute la invocación del ángel guardián. Debo reconocer que es largo, complejo y tedioso el estudio de la Cábala, como realizar un estudio y análisis profundo. Una magia ancestral, secreta y bien protegida por los rabinos que, como curiosidad, estos últimos, no tienen permitido estudiar o descubrir sus misterios hasta que no tengan al menos 40 años de edad. Es imposible abarcar todo lo que aglutina el mundo de la Cábala en unas pocas páginas.

El declive de la magia ancestral y sus diferentes formas de sanación alejadas de los conceptos académicos, fue paralelo a la aparición de nuevos paradigmas. La terrible época de caza de brujas, desaconsejaban la práctica y estudio, además vinculaban a los hechiceros, adivinos y sanadores como un tentáculo más del demonio. Las prácticas se complicaban, incluso aquellas que estaban enfocadas a mejorar la salud de cualquier mortal; era necesario ir con mucha prudencia. Algunos llegaron a cambiar sus procesos y plegarias alabando a Jesús y la Virgen María, y esto es sólo un mero ejemplo.

El gran santo valenciano que mencionamos en líneas anteriores, san Vicente Ferrer, dejó un discurso contundente acerca de los usos y de los que se puedan interesar en estas habilidades. Cruel, sádico y duro, así era este santo que bajo nuestro punto de vista, no merece el pedestal de santidad, ya que alentaba a la denuncia, incitaba a las masas a un odio y hostigamiento contra los infieles o los eruditos de la magia, dice así: «... debemos recurrir a Cristo y no a los hechiceros, que no pueden daros otra cosa que el infierno. Y expulsad a los sortílegos, por que mantenerlos es terrible a los ojos de Dios. Y con tal fin, no escatiméis en leña, pues una vez desvelada la verdad, quemados han de ser. Así como Dios esparce la semilla de la falsedad, esto es, hechicerías, adivinaciones, ponzoñas y cosas similares; cuando amparáis a esta clase de personas, la ira de Dios cae sobre vuestras tierras, y basta con la sola presencia de uno de ellos para que vuestra tierra sea destruida, y por eso, tales personas deben arder...». (*Sermones de san Vicente (1350-1419)* Roque Chabás, cronista valenciano 1903).

Como habrá podido comprobar, es un discurso rígido y violento. Bien podía difundirlo en latín en varias ciudades europeas como en valenciano cuando estaba en la capital del Turia. Unas palabras que facilitó señalar y arrinconar a diversos practicantes mágicos, obligando a la mayoría a guardar muchos secretos de medicina, de invocaciones, de ritos mágicos y practicarlos en clandestinidad.

Pese a estos castigos impuestos y conjeturas, intentaban salvar algunas prácticas y usos habituales separando magia maligna y magia beneficiosa. Por citar un ejemplo, Alfonso X el Sabio promulgó una interesante ley que nos dice lo siguiente: «... cada persona en su pueblo puede acusar a adivinos, hechiceros y otros impostores de los que hablamos en este capítulo, delante del juez, y si los testigos prueban que ha hechizado algunas de estas malignas acciones, deben morir por ende. Pero aquellos que realizaban encantamientos u otras cosas con buenas intenciones como expulsar demonios del cuerpo de las personas, curar parejas afligidas por impotencia mágica, impedir el granizo que cae de las nubes, evitar la niebla que arruina cultivos, exterminar a las langostas y pulgones que arruinan el pan o las viñas o alguna otra beneficiosa razón como las anteriores, no deben ser dañados, y deberían incluso recibir un premio por ello...». (*Siete Partidas* Alfonso X (1254/1255). Su nombre original era *Libro de Leyes*).

Esta declaración ayudó a que muchas tradiciones de antaño pudieran llegar hasta nuestros días, con las modificaciones propias de la evolución y otros conceptos culturales de cada región. No estaba exenta la polémica entre religiosos, para muchos todo era superstición y nunca debería apartarse del Dios único y verdadero.

No nos olvidamos de otra influencia que aún perdura en nuestros tiempos, la islámica. Dentro de este mundo, su rama requería tratar en profundidad unos temas complejos como la elaboración de amuletos, talismanes, aplicación de conjuros, prestidigitación, interpretación de sueños e incluso en la fisionomía y la astrología.

Los talismanes o amuletos son considerados una magia natural, elaborados con inscripciones, generalmente de índole astrológica, que se usaban para proteger a las personas incluso contra las temidas tormentas, entre ellos el cotidiano mal de ojo. A diferencia de la Biblia, en el Corán no hay una condena en firme por el uso de las prácticas mágicas, aunque en las primeras etapas del islamismo era severamente condenada, por ejemplo en el islam suní la colecciones canónicas del *Haddith* citan que: «... la pena para el mago es la muerte por la espada...».

En general era tolerada, siempre que no causara daño a otros, pero si un mago hace el mal o hechiza a través de una práctica maligna, está haciendo magia prohibida. Normalmente buscaban los rituales y fórmulas curativas, mientras no transgrediera los límites de lo prohibido en el Islam. Un mago local que poseyera conocimientos esotéricos, era respetado por su buena contribución al bienestar del pueblo.

La influencia del mundo árabe en la sociedad valenciana es notable, especialmente cuando nos adentramos en el mundo de la etnobotánica. Muchas plantas de aquí han sido introducidas por el mundo árabe, como el limonero o el naranjo, y ha facilitado un desarrollo peculiar y propio de esta región aplicando la etnomedicina y reforzando con ello, hasta un cierto punto, la defensa e imagen, del curandero o sanador rural que, bajo ningún concepto debe confundirse con el sanador urbano. El sanador rural suele ser una persona que surge y se mantiene en los medios rurales, siempre alejado de los lugares donde la medicina oficial tiene una implantación más fuerte. Detalle que se ha mantenido hasta casi las últimas décadas del siglo XX en las zonas más recónditas de la Comunidad Valenciana y, por supuesto, de España.

El alquimista, de Pietro Longhi.

Valencia fue un centro importante de estudios alquímicos. A las pruebas nos remitimos con la herencia y presencia de conocidos alquimistas por nuestras tierras durante un largo tiempo.

Sin embargo, en esta práctica no todo es intentar fabricar oro o plata. Es un campo de estudio muy amplio. En la antigüedad, esta disciplina conservaba prácticas y técnicas junto a doctrinas filosóficas de su época. No intentaban crear oro, sino que teñían metales, refinaban diversas sales junto a otros enredados y confusos procesos. El grueso de los tratados alquímicos incluye recetas metodológicas que no eran fantasías extravagantes. Es posible que el origen de la alquimia se sitúe en el Antiguo Egipto, para pasar al mundo árabe, aunque también tiene una herencia griega.

Los experimentos químicos, análisis físicos y ensayos metalúrgicos hicieron de la alquimia convertirse en la 'ciencia total' de su tiempo a partir del siglo VIII.

Aquí llegó gracias a las traducciones del árabe al latín durante los siglos XII y XIII en España e Italia. La región del Levante fue pródiga en alquimistas, encabezada por Arnau de Vilanova, aunque también tiene peculiares personajes que decidieron pasar una larga temporada conociendo el arte de la alquimia, magia, necromancia, geomancia y la astrología; por citar un ejemplo, está Enrique de Villena o Jaume Torella.

El Islam fue el receptor de la herencia astrológica antigua y el medio principal que lo extendió en occidente. Y esta práctica estuvo muy extendida hasta que se inició la caza de las mancias que no estaba bien vista por los ojos de los teólogos. Hoy en día, la astrología queda arrinconada a una triste página en la prensa o revistas o vilipendiada en unos canales de televisión de ridículas y escasas audiencias, sólo un pequeño grupo de adeptos siguen los vaticinios que, muy a nuestro pesar, no son metódicos ni tienen base astrológica real; son meras invenciones sus análisis en su mayoría. En general, no se cree en ello en la actualidad, sin embargo, era una disciplina mágica muy respetada en el medievo. Para esto requería unos estudios muy profundos, algo que hoy en día no se aplican apenas, y esta falta de interés por el estudio facilita el escaso rigor y burdo espectáculo sensacionalista.

A lo largo de la Edad Media, ejercer de astrólogo suponía poseer unos peligrosos conocimientos: astronomía, matemáticas, medicina y técnicas adivinatorias. Armas de inteligencia, de poder, de cultura y cualidades humanas. Los argumentos de la astrología, si no eran acertadas las predicciones o el futuro, la culpa no es de la ciencia y su método, sino de la intención fraudulenta de los pseudoastrólogos y personajes carentes de experiencia.

¿Poseen estas virtudes los actuales astrólogos de nuestro presente? Posiblemente, no.

La astrología era considerada un oficio, era una importante e interesante fuente de beneficios, que se preocuparon más de mantener la clientela que de respetar los principios y reglas de disciplina que predicaban. Precisamente, de ellos, aprendieron otras profesiones mágicas a mantener sus clientes.

Una muestra de lo interesante que se consideraba el estudio y análisis de la astrología en Valencia viene de la mano del obispo franciscano Francesc Eiximenis (1330-1409), autor del *Regiment de la cosa pública*. Un regalo aportado por el estudioso de la universidad de Oxford a los *jurats de València*, una de sus normas de buen comportamiento y trato de las tradiciones culturales dice así: «… como algo natural, se crían hombres audaces, intrépidos y muy diestros en las armas. Esto tiene una explicación, ya que Valencia está bajo influencia de Marte y pertenece al signo zodiacal de Escorpión, por cuya influencia se animan a las broncas, según indican los astrólogos…». (*Regiment de la cosa pública*, 1383).

Habrán observado que, evidentemente, hace mención a las tesis de los astrólogos, lo que indica lo importante que se consideraba este gremio cuando vaticinaban o sus análisis eran expuestos ante los cargos. El otro detalle es que aún estaba trabajando a destajo la verdadera Inquisición, se implantó en la Corona de Castilla en 1478 por la bula del papa Sixto IV.

Para resumirlo brevemente, la práctica astrológica se basaba en responder a unas preguntas específicas, con un sí o no y ayudar a elegir cuál era el mejor momento para decidir algo. Como curiosidad, muchos *dux* de Venecia solían consultar a menudo sus astrólogos, para determinar qué día era el idóneo para informar una ley nueva o adoptar cualquier decisión, sin interferir en la sociedad.

Los horóscopos era una práctica cara, este tipo de adivinación estaba reservada, normalmente, dentro de un entorno de cortesanos. Por citar unos personajes conocidos, Tycho Brahe fue un poderoso astrólogo al servicio del imperio, incluso la poderosa familia Médici acogieron a Galileo Galilei como astrólogo.

Para hacer las predicciones aplicaban unas complejas operaciones de cálculo, ya que para hacer un horóscopo se requería de un profundo conocimiento y formación en matemáticas al más alto nivel, saber manejar el astrolabio, sumando a estos puntos unos talentos y nociones de la cosmología, así como el uso de unas tablas astronómicas muy completas y precisas que tenían que ser adaptadas a la latitud de la ciudad donde el astrólogo ejercía su oficio. Una vez recopilada toda esta información, debía hacer una profunda meditación para encontrar el significado de esa combinación astral y hacer una predicción. Ser astrólogo era una práctica mágica que abrió el camino a otras actividades inspiradas en el cosmos, incluso muchos sanadores se basaban en la posición de los astros para dar ciertos pasos en su proceso de curación; que fuese o no efectiva, ya es otra historia, su importancia en la mentalidad de aquellas gentes era importante, junto a otras mancias realmente insólitas.

Enumerar las mancias requiere una tarea ardua y casi imposible abarcar en este libro, pero os ayudaremos a citar algunas que seguramente ni siquiera habrá oído: *alomancia, cleidomancia, filomancia, giromancia, ofiomancia, soromancia, zoomancia...* (En su conjunto y por este orden son prácticas con sal, llaves, hojas de plantas, predicciones a través de círculos, análisis de culebras, féretros, predicción por animales, especialmente gatos).

La práctica de la magia requiere la realización de rituales, fórmulas y otros procedimientos donde cada una tenía su peculiar tratado, su interpretación y aplicación siendo, quizá, una de las más conocidas y usadas por estos lares, la geomancia.

Según la tradición árabe fue el arcángel Gabriel, el maestro del conocimiento, quien le mostró al profeta Idriss la enseñanza y poder de transmitirla a la humanidad. Se basa en arrojar e interpretar unas marcas en el suelo analizando el patrón que forman unas piedras o arena. La geomancia era muy popular en Europa y, especialmente, en África, donde se desarrolló con fuerza y formó parte del culto a Ifá y, de ahí, al Caribe a través de la exportación de humanos para la esclavitud, donde adquirió cierto protagonismo.

Por supuesto, este arte adivinatorio está dentro de la lista negra de la Inquisición, lo que provocó que muchos expertos se refugiaran en secreto en este ritual mágico de adivinación que tenía muchos adeptos. Implicaba la interpretación de 16 figuras formadas por un proceso aleatorio.

Fundamentalmente dentro del ámbito de la mal llamada brujería, la fusión de estas prácticas de índole mágica que hemos visto a lo largo de este capítulo, son la base de personajes y oficios peculiares como son los sanadores, conjuradores, videntes, astrólogos, saludadores... entre otros, que cada uno tuvo que sortear a la temida Inquisición con ingenio unos y con astucia otros. O bien camuflando muchos ritos inspirándose en la fe cristiana.

En muchos procesos mágicos se recitaban unas plegarias invocando entidades desconocidas o haciendo unos extraños cálculos para su resolución; todo esto hubo que modificarlo, cambiando, en sus oraciones, las citaciones originales por santos cristianos o figuras santas, como la Virgen María o Jesús. A ello se incluyeron otros pasos, como unos rituales basados en la imagen de la cruz, el símbolo por antonomasia de la cristiandad.

Gracias a esa valentía de muchos hombres y mujeres, se pudo conservar unos escasos ritos, profesiones y cultos que están dando sus últimos coletazos entre la modernidad presente. Y muchas profesiones desaparecidas tienen vínculos ancestrales con las creencias mágicas del pasado.

Profesiones que siempre se han visto con extrañeza, lástima, hasta con desprecio. Y cada una tenía una virtud, unas pautas, unas tradiciones hasta un anecdotario inusual que sorprende con sus actitudes y el desarrollo de la práctica.

Muchas de ellas están relacionadas con la muerte, con la pobreza, la esperanza y, por supuesto, con ganarse un sitio en el cielo en una época que estamos perdiendo muchas tradiciones mágicas y el aura de enigmático que rodean muchas de ellas.

— 2 —
La brujería y su relación con el origen de oficios y profesiones olvidadas

«Del aprendizaje de nuestros ancestros
tejeremos el futuro de nuestro linaje».

(Anónimo)

¿Fue la brujería el origen de muchos oficios antiguos olvidados? ¿Qué relación existió entre la brujería y la muerte para que proliferaran gran cantidad de oficios relacionados con esta? ¿Fueron las brujas tan crueles como se nos ha hecho creer? ¿Por qué se las persiguió de una forma tan atroz? ¿Por qué se recurrió a las brujas y hechiceras como bálsamo para la cura de enfermedades? Infinidad de preguntas se nos vienen a la mente cuando tratamos la brujería; nuestra intención es darle orden y coherencia desde un punto de vista riguroso y exento de sensacionalismos.

Escribir sobre brujería es entrar en un terreno pantanoso, oscuro, tenebroso y rodeado de un aura de rechazo social, aunque es importante ser consciente que la sabiduría ancestral que esta atesora, ha estado y sigue presente en todas las civilizaciones donde el concepto de brujería / hechicería no tenía el marcado carácter maléfico que se nos ha hecho creer hoy en día, desde diferentes sectores, principalmente religiosos.

Brujas las ha habido siempre y en todas las sociedades antiguas, pero recibían otra denominación no tan peyorativa como en la Edad Media. A ellas se las conocía como curanderas, chamanas, parteras, magas, comadronas o Adivinadoras, y no se las estigmatizaba con el aspecto maligno que nuestra mente nos hace creer, porque en último término, somos nosotros los que nos dejamos influir por referencias

El aquelarre por Francisco de Goya (1798).

externas, para visualizarlas como 'mujeres malas', al igual que ocurre en otras facetas de la vida. Por ello hay que dejar a un lado los prejuicios que se nos han inculcado desde la infancia con la figura de la bruja y es hora de conocer a estas mujeres sabias como lo que realmente fueron, unas mujeres que nos legaron un amplio abanico de conocimientos.

Es a partir del siglo XIII cuando empieza a utilizarse la palabra bruja con tono despectivo; relacionada con el demonio, sirviéndose del maligno para la consecución de sus objetivos; por ello a continuación observaremos como esa visión debió ser otra.

Es necesario, casi obligatorio, desmitificar la imagen horrenda y maligna de las brujas simplemente porque no lo fueron. La mayor parte de ellas eran mujeres sabias, con conocimientos ancestrales adquiridos de la naturaleza y de las plantas, sirviéndose de ellos principalmente para sanar y curar enfermedades. Eran mujeres independientes que necesitaban gozar de cierta libertad, vivir su vida de la mejor forma posible, sin ataduras, escapar del yugo del marido y de la Iglesia, romper con el arquetipo de mujer sirviente, disfrutar de la naturaleza y todo lo que esta les aportaba, en definitiva reivindicar su lugar y su papel en el seno de la sociedad patriarcal que les tocó vivir y sufrir a finales de la Edad Media y principios de la Edad Moderna. Las mujeres no tenían otro objetivo que criar a los hijos y cuidar del marido, no se les reconocía ningún derecho, encontrándose en una situación de cuasi esclavitud. Esta situación social hizo que muchas de aquellas mujeres quisieran tener una presencia más activa en la sociedad para lo que, evidentemente, ni la Iglesia ni la medicina estaban por la labor de permitirlo, ya que ello suponía perder parte del poder que tenían reconocido.

Las brujas fueron las primeras mujeres científicas, las que sabían de herbolaria cuyo fin era curar enfermedades y dolores, sabían sanar con sólo poner sus manos en un enfermo, y este hecho es curioso, porque la imposición de las manos también fue una práctica que utilizó Jesús de Nazaret en sus curaciones 'milagrosas' y no por ello fue denostado. Eran mujeres que sabían preparar brebajes para que una parturienta pariera rápido sin mucho dolor y sufrimiento, sabían con sólo mirar a una mujer si el hijo que traía en su vientre era niño o niña, sabían de cánticos y oraciones para espantar los malos espíritus.

Por todo ello, a las brujas no las quemaron por malas, las quemaron por inteligentes, por rebeldes, por ser mujeres libres, por ostentar un poder que no tenía el hombre, por querer ser parte de la historia, por enseñar, por estar conectadas con la naturaleza, por conocer sus riquezas sanadoras, por resistirse a ser violadas, por oponerse al chantaje, por ser una amenaza para la sociedad y la Iglesia, por amarse entre ellas y por sembrar amor entre todos, por adorar al Sol y la Luna, por pasear por los senderos desconocidos y ver más allá de lo permitido, por utilizar su sabiduría y energía en apoyar a todo ser vivo sin excepciones, por ser sanadoras, curanderas, chamanas, sacerdotisas, comadronas…. por simplemente SER.

A la vista de lo anterior, la pregunta es obvia, ¿Por qué siempre se ha relacionado la brujería / hechicería con el sexo femenino? La respuesta es sencilla, ya que por el simple hecho de nacer mujer se las consideraba cerca del estado salvaje, y por tanto muy próximas a todo lo malo y diabólico. La mayoría de las mujeres que se dedicaron al arte brujesco fueron viudas, solteras, desarraigadas, marginadas socialmente. Como afirma el autor Joseph Pérez «… la brujería es una actividad maléfica y femenina: maléfica por ser femenina…». En la misma línea, en el siglo XIII, el Diccionario de Autoridades confirma el mismo punto de vista:

«Bruja: Hase de advertir que, aunque hombres han dado y dan en este vicio y maldad, son más ordinarias las mujeres, por la ligereza y fragilidad, por la lujuria y por el espíritu vengativo que en ellas suele reinar, y es más ordinario tratar esta materia debajo del nombre de bruja que de brujo».

No quiere decir que no hubiera brujos, los hubieron pero no fueron tan perseguidos por el simple hecho de nacer hombre y de servirse de la magia en sus quehaceres. Se consideraba que la magia estaba más cerca de la ciencia que las artimañas diabólicas de las que se sirvieron las brujas.

En el mismo sentido, la autora Anna Armengol señala que la figura protagonista de la brujería casi siempre es la mujer, de hecho aproximadamente el 75% de las procesadas son mujeres. La verdad es que si hacemos una visión retrospectiva, y nos detenemos en la figura de la bruja / hechicera en las civilizaciones antiguas nos percataremos que, en la mayoría de ellas, la figura representativa era del sexo femenino, por ejemplo Circe en *La odisea*, o Medea, o Hécate… e incluso en la tradición cristiana primitiva tenemos a Eva, como la tentadora de Adán a que coma del fruto prohibido.

No obstante, no es necesario retroceder tanto en el tiempo, el propio san Agustín ve a la mujer como un ser peligroso que se la desprecia y teme, se la considera 'la puerta del diablo'. También la literatura medieval ha representado a la mujer como alcahueta, maldita, embaucadora o estafadora, siempre relacionada con la superstición, un ejemplo de ello lo tenemos en *La Celestina*, obra de Fernando de Rojas.

Hécate. Estatuilla de tres cuerpos.

Lo cierto es que el hecho de vivir en una sociedad donde todas las desgracias que podían sobrevenir, como el parto (hay que tener en cuenta que en muchos partos se producía el fallecimiento de la madre), las enfermedades, la muerte, la pérdida de las cosechas por tormentas o granizos (ello podía provocar no disponer de alimento ni provisiones poniendo en peligro la supervivencia del pueblo), las sequías, las epidemias y todo tipo de calamidades eran relacionadas con la presencia de la brujería y la intervención del maligno; eso hacía que la presencia de la mujer fuera denostada, perseguida y estigmatizada.

En ese mismo sentido, el autor Joseph Pérez afirma que «… esas mujeres que eran a la vez parteras y curanderas en un mundo rural abandonado a su suerte, constituían el único recurso de los desheredados en caso de enfermedad o de catástrofe natural; ellas conocían o pretendían conocer las propiedades de las plantas y los secretos de la naturaleza; sabían, o pretendían saber, ligar o desligar, favorecer los amores ilícitos, curar, favorecer a los amigos, maleficiar a los enemigos… Cuando las cosas salían bien para los interesados, el prestigio de la partera / curandera iba creciendo, pero en caso contrario, cuando ocurría la muerte súbita de un hombre o de un niño recién nacido, una epidemia, algún desastre natural, cuando se perdían las cosechas, etc. entonces era corriente acusar a la hechicera / bruja de lo ocurrido y se convertían en seres estigmatizados como malditos que sufrían la exacerbación de una misoginia de larga duración…».

De las palabras del profesor se derivan dos conceptos fundamentales que nos ayudarán a entender el porqué de la persecución y caza que sufrieron estas mujeres. Vamos con el primero de dichos aspectos, como es el mundo rural, donde la bruja actúo mucho más que la hechicera, y por lo que fue mayormente perseguida, ya que las autoridades consideraban que en el mundo rural estaba mucho más arraigada la superstición y las relaciones demoníacas. Lógicamente todo tiene una explicación e intentaré que el lector comprenda las razones de tales conclusiones.

La actividad brujesca se desarrolló principalmente en el mundo rural por dos motivos fundamentales, en primer lugar porque en las aldeas, alejadas de la ciudad o de la gran urbe, no existía un médico rural que se ocupara de los enfermos o en el caso de que existiera, el nivel económico de la mayoría de la población no le permitía poder sufragarlo ni recurrir a él. Esta situación dantesca hacía que muchas personas acabaran acudiendo a estas curanderas / mujeres sabias para que consiguieran sanar o al menos les ayudaran a calmar y mitigar los dolores que muchas enfermedades podían provocar. En ocasiones lo lograban, pero en otras se producía el fallecimiento de la persona que demandaba su ayuda; aunque lógicamente esto no supuso óbice para que continuaran acudiendo a ellas, ya que la medicina no podía dar solución, por lo que ante una situación de desesperación, se recurría a quien fuera con el fin de poder salvar la vida.

Esto supuso un ataque frontal hacia la medicina para quien las brujas / hechiceras eran embaucadoras y estafadoras, lógicamente era mucho más fácil achacar la enfermedad y la imposibilidad de curación a un hechizo que cuestionar a la ciencia. La medicina acusó a las brujas de servirse de gente crédula en las supersticiones para llevar a término sus cometidos. Esto hizo que la bruja se convirtiera en el foco de todas las acusaciones. Bajo mi punto de vista, detrás de todas estas acusaciones y comportamientos hacia ellas, lo que realmente existía era una terrible situación económica y social, que hacía que la población recurriera a ellas en un intento desesperado por revertir su situación.

Como afirma María Luisa Pedrós «... con el paso de los años la brujería se entendía como un conjunto de prácticas supersticiosas que intentaban cubrir situaciones muy variadas de necesidad en parcelas donde la religiosidad oficial no ofrecía soluciones, o donde estos métodos parecían poder proporcionarlos de un modo más rápido...».

Por tanto, es en el mundo rural donde se desarrolló la brujería, de hecho en la sociedad urbana prácticamente estuvo ausente, incluso el libro *Malleus Malleficarum* se ciñe casi exclusivamente al mundo rural.

El segundo de los motivos por los que la brujería proliferara en el mundo rural fue el bajo nivel cultural y la alta credulidad de la gente que vivía en la periferia de la ciudad. Sus consumidores eran labradores, viudas, solteras, artesanos, etc.; debido a la pésima situación económica y la desesperación e indefensión ante las enfermedades, la población decidió decantarse por acudir a las prácticas mágicas.

En tal sentido se pronuncia Julio Caro Baroja al indicar que «... la bruja es un personaje que se da sobre todo en medios rurales, la hechicera de corte tradicional es más frecuente en entornos urbanos...». Asimismo, el bajo nivel cultural influyó enormemente en el arraigo rural de la bruja, la mayoría de estas mujeres no sabían leer ni escribir, a diferencia de las hechiceras que frecuentaban el ámbito urbano. Esto hacía que el cliente final de las brujas fuera socialmente más humilde, crédulo y analfabeto que en el caso de las hechiceras, cuyos clientes eran más nobles, aristócratas, e incluso clérigos, aunque, como luego comentaremos, siempre bajo la clandestinidad, ya que igual de perseguible era la práctica de la hechicería / brujería como quien acudía a ellas en busca de ayuda.

Las brujas habitualmente se dirigían hacia extramuros para realizar allí sus prácticas maléficas, bajo la complicidad de la noche y en las encrucijadas de caminos.

Siguiendo al profesor Joseph Pérez, el ataque a las brujas tuvo como fundamento una misoginia de larga duración. Por tanto, además del mundo rural donde vivieron y ejercieron sus prácticas, no es menos cierto que la Iglesia, la nobleza, la aristocracia, la medicina y todos los sectores de la sociedad, actuaron con saña y odio contra las brujas / hechiceras en un claro ejemplo de misoginia ya que no se podía consentir que la sociedad patriarcal predominante dejara de tener el peso específico que afianzaba y apuntalaba el poder eclesiástico. Por ello, no se podía consentir que la mujer transformara la sociedad, cuyo control tenía el poder establecido de la Iglesia. El ataque misógino se apoyaba en que la mujer analfabeta, que no sabía ni leer ni escribir, pudiera ostentar una serie de conocimientos que los miembros seculares no poseían, y fundamentalmente que por medio de dichos saberes pudieran sanar y curar enfermedades sin necesidad de recurrir a plegarias, oraciones y rogativas. La hechicería / brujería provocó que la figura de Dios fuera prescindible y la Iglesia vio peligrar seriamente su poder dominante. El paganismo, que en otras civilizaciones y culturas fue respetado y venerado, recurriendo a dioses, fuerzas ocultas y genios (buenos o malos) para intervenir en la vida de las personas, pasó a ser perseguido y castigado durante la Edad Media. Hasta ese momento, la Iglesia se mostró comprensiva con las supersticiones del pueblo, donde existían ciertos cultos paganos, los toleraba e incluso en muchos casos, los adoptó como propios; pero es a partir del siglo XIII cuando las supersticiones toleradas empiezan a no serlo tanto, ya que la proliferación de literatura demonológica y cierta intolerancia de la Iglesia hace que se las vincule con la intervención de fuerzas malignas, y la tendencia empieza a ser distinta, la brujería deja de ser considerada como una herejía a ser algo maléfico donde interviene el maligno.

Mundo rural y paganismo están íntimamente relacionados, de hecho la presencia de este último estaba muy arraigado en zonas rurales; hay que recordar que en origen los paganos (*pagani*) eran los que vivían en el campo (*pagus*), ello implicó que la brujería se implantara con mayor fuerza. Era mucho más grave ser bruja que hechicera.

Además de ser un ataque misógino, también la persecución brujesca fue un acto de hipocresía donde tuvo como protagonista a la Iglesia; y lo fue porque muchos miembros de esta, además de aristócratas, burgueses y gentes de poder acudieron a nuestras brujas / hechiceras para pedir ayuda, como última esperanza, para sanar sus enfermedades cuando la medicina no les aportaba solución. Cuando alguien percibía que la muerte le acechaba y la espada de Damocles caía sobre él, no dudaba en ahorrarse las oraciones, rogativas y plegarias para pedir salvación a estas mujeres. Es obvio que muchas de estas mujeres fueron objeto de violaciones, abusos sexuales y depravaciones para aliviar la incontinencia sexual de curas y obispos quienes, por el miedo al castigo divino y terrenal, ocultaron o les obligaron a ocultar sus actos. con el fin de que estos encuentros nocturnos quedaran en el olvido; pero si algo tiene la historia es que ni olvida ni se puede cambiar. Lógicamente, muchos de estos clérigos que tuvieron contacto carnal con hechiceras / brujas las obligaron a abortar o a abandonar sus criaturas con el fin de que la conciencia y reputación de estos 'hombres buenos' quedara limpia, no así la de estas pobres mujeres que quedaba marcada de por vida. Cabe recordar que tan condenable y perseguible era la práctica de la brujería y hechicería como quien acudía en demanda de sus servicios; por ello era necesario guardar el anonimato, y en esto la Iglesia se encargó de hacerlo muy bien.

No obstante, volviendo a nuestras protagonistas, al pensar en ellas nos viene a la mente la imagen de una mujer fea, enjuta de cara, de piel seca, con nariz aguileña, aspecto repugnante, vestida de negro, rodeada de potingues y ungüentos, con su caldero humeante y sus ingredientes ordenados en alacenas y estanterías mugrientas, rodeada de cachivaches y alambiques. Pero no todas eran así. Es necesario eliminar de nuestro imaginario esa figura estereotipada que nos han inculcado desde antaño. También hubo brujas guapas, bellas y jóvenes y por eso mismo, por ser bellas y jóvenes fueron más odiadas y perseguidas que las viejas y las feas, ya hemos indicado anteriormente el motivo.

No en toda España se persiguió por igual a las brujas / hechiceras, ya que su actividad fue mucho más activa en el norte peninsular que en el sur, para ello es necesario distinguir dos mitades geográficas claramente diferenciadas, lo que el escritor Gustav Henningsen denomina como «las dos mitades», es decir, la división de España en una mitad norte y una mitad sur. De esta forma, la mitad sur fue menos beligerante en la persecución, identificación, detención, localización e incluso denominación terminológica de las brujas, ya que ni tan siquiera se empleó dicho término para referirse a ellas; basado principalmente en que la jurisdicción competente era la Inquisición, y aunque parezca lo contrario, esta fue menos beligerante que la secular en la persecución de las brujas.

En tal sentido, y más concretamente en Valencia, a pesar de los numerosos procesos inquisitoriales sobre superstición, únicamente se procesó a una bruja. En Valencia no había brujas porque nadie las buscaba, y es que los inquisidores valencianos no se mostraban preocupados por esta tarea, quienes se decantaron más por la persecución de supersticiones, falsos conversos, judaizantes, etc. Es por ello por lo que los inquisidores raramente ordenaban la ejecución de las brujas, e incluso en muchos casos, estas eran absueltas. En la mitad norte la situación fue bien distinta, principalmente basado en una confrontación de jurisdicciones a la hora de tratar los casos, ya que la jurisdicción competente en materia de brujería era secular, es decir se encontraba en manos de la Iglesia y esto provocó que vieran brujas por doquier.

La jurisdicción secular fue mucho más severa, menos escéptica, de forma que en la mitad norte, allí donde se producía una noticia de brujería, se procedía de forma urgente a la detención de la acusada, sin más pruebas que la propia acusación, en la mayoría de los casos infundada, teniendo su origen en envidias o celos, sometiendo a la susodicha a tortura para obtener una confesión que justificara su condena.

Pero y en la actualidad, ¿se puede considerar a la brujería y hechicería como un delito susceptible de persecución? Lo cierto es que no, la actividad brujeril no está tipificada como delito, por tanto no es susceptible de ser castigado ni perseguido, aunque bajo nuestro punto de vista sería necesario matizar este punto ya que, cuando la actividad de curanderos, hechiceros o brujas puedan causar algún tipo de perjuicio ajeno o riesgo para la vida del prójimo, sí es susceptible de encasillarlo dentro de algún tipo legal. Estamos de acuerdo en que la brujería, la hechicería y la magia no constituyen *per se* delito ni infracción alguna, es decir el legislador actual ha dejado de creer en brujas, por ello, como indica Rodríguez Aguilera, «no están sometidas, por el sólo hecho de su profesión, al Código Penal, y sin embargo, hay quienes no consideran muy justa tal exclusión».

Por ello, en el Código Penal actual, no se castiga la interpretación de los sueños, los pronósticos o adivinaciones, pero sí cuando dicha actividad se realiza por interés y lucro, valiéndose de la ingenuidad e ignorancia de las personas, con el fin de engañar, provocando de este modo un perjuicio económico a la víctima; y es aquí donde entiendo que se podría calificar dicha actividad como un subtipo de estafa y por tanto susceptible de ser castigado, habría que debatir si como delito o como falta; nosotros somos partidarios de esta última. Además, es interesante remarcar que la brujería, superstición y hechicería no es únicamente posible generadora de un delito o falta, si no que en muchos casos y situaciones son las propias brujas las víctimas de los que, temerosos de sus poderes ocultos, pretenden eliminarlas.

Así ha ocurrido a lo largo de la historia y el motivo por el cual fueron perseguidas y condenadas durante siglos; pero sin irnos muy lejos en el tiempo, podemos referirnos a la Sentencia del Tribunal Supremo de 15 de noviembre de 1957, donde se condenó a unos vecinos de Manacor por pretender dar muerte a Catalina Muntaner, vecina de la citada localidad a la que se le atribuían indebidamente la práctica de actos de hechicería, por lo que la culpaban de las enfermedades que tanto ambos procesados como algunos de sus familiares padecían.

Otra sentencia destacable donde la bruja o hechicera aparece como víctima es la de 7 de Julio de 1932, en la que la procesada, natural del Teide, quería expulsar del cuerpo de su hija un espíritu malo que la poseía, y por tal motivo, acabo matándola a golpes, mientras era sujetada por otras personas.

No obstante, también existen casos donde la propia bruja o hechicera es la autora o instigadora del delito. En este contexto es donde aparece la hechicera como mujer que explotaba la ignorancia de algunas gentes por atribuirse poderes sobrenaturales, y quien podía hacer desaparecer a aquellas personas indeseables, a cambio de un apreciable cambio de dinero o especies. Por ello, la mayoría de los casos muestran a la hechicera o bruja como engañadora o estafadora, donde se sirve de la credulidad de la gente y superstición ajena para lograr sus fines, y donde sus actividades alcanzan el tipo delictivo de estafa.

La brujería siempre ha estado relacionada con lo macabro, lo oscuro, lo extraño y la muerte, y esta ha supuesto el caldo de cultivo de muchos oficios malditos que han ido derivando hasta nuestros días. No todos han tenido una connotación negativa pero sí que han contado con la muerte y lo mágico como núcleo de sus actividades. Así como la brujería dispone de sus propios rituales, también la muerte tiene los suyos, y es interesante hacer referencia a ellos, dentro de nuestro folclore popular, para poder adentrarnos en la amalgama de oficios que estuvieron relacionados con la brujería y la muerte.

De esta forma, cuando una persona fallecía, se le rendía un pequeño ritual, un trato preferencial al difunto, donde se establecían unos períodos de agonía y deceso; de amortajamiento y velatorio; de entierro y luto, de transición del cuerpo material al plano espiritual, y es en esa separación del mundo material donde hay que prepararse para la despedida y esto suponía adoptar una serie de medidas para sobrellevarlo de la mejor forma posible. Se produce un desarraigo a lo amado, a lo deseado, y por ello era necesario estar acompañado en ese tránsito bien por velas, crucifijos, seres queridos, etc. Pero el planteamiento es el siguiente, ¿por qué se relacionó la brujería con la muerte? Principalmente porque se consideraba la pérdida de la vida como algo funesto, donde la brujería tenía parte de culpa y porque sin la presencia de esta jamás podía llegar la parca, por ello se identificó el negro como el color del mal, y todo aquello que rodeaba a la brujería venía teñido de tal color; sin embargo esto realmente no fue así, el color negro es el color del luto en muchísimas culturas, y señala contención y dolor, asimismo cabe destacar que es un color utilizado para eliminar las negatividades, actuando como un sistema de oposición a la muerte y de redirección hacia la vida. La muerte, por tanto, tiene su propio ritual en el que las brujas / hechiceras actuaron en muchos casos como acompañantes del finado en su viaje al otro mundo, ya que estas mujeres podían estar presentes en velatorios, entierros o amortajamientos del fallecido. Es importante tener en cuenta que cuando hablamos de brujas / hechiceras nos referimos a aquellas mujeres sabias cuyos conocimientos eran utilizados para hacer el bien; de este modo la preparación del óbito no lo podían presenciar muchas personas, únicamente aquellas previamente elegidas por la familia, de hecho en el sur de la Comunidad Valenciana se ha documentado que algunas familias tenían la costumbre de quemar romero, tomillo o espliego para que el ambiente estuviera purificado y la casa quedara limpia de cualquier ser maligno que quisiera entrar a por el alma del difunto.

El hecho de relacionar la brujería con la muerte se debe a que, muchos momentos previos al fallecimiento de una persona, venían teñidos por acontecimientos que hacía pensar que seres malignos presagiaban el destino macabro de algún vecino. Así, es interesante indicar que los cambios de luz en la habitación del moribundo, las sombras, el aullido de perros o la aparición de animales como las moscas o los búhos se entendían como presagios de muerte. Cabe recordar que el búho y la lechuza eran animales que siempre se han vinculado con la brujería. Es característico el caso de Pinet, población del interior de Valencia, donde se decía que cuando los perros ladraban es que alguna persona iba a fallecer y que los cuervos volaban por encima de la casa dibujando 'caracolas'.

Nuevamente se hace referencia a un animal como el cuervo, característico e identificativo de las brujas. Es por este motivo que muchos oficios se originaron con la muerte y con la presencia de nuestras protagonistas, estando presentes a lo largo de los siglos hasta prácticamente, muchos de ellos, desaparecer en la actualidad. En los próximos capítulos vamos a estudiarlos con detalle.

— 3 —
Tempestarios

«Te conjuro, Satán, por el Señor de nuestros hermanos, quién te confió en la ciudad de Cirbes, donde no causes daños ni a los árboles, ni a los segadores ni a los viñedos ni a los frutales».
(Inscripción sobre pizarra procedente de Cario
–Asturias– finales del siglo XIX

La dinámica mágico-religiosa de la superstición y creencia rural, se centraba, a menudo, en neutralizar los terribles efectos que podían causar los temporales. Sin embargo, para ellos era la intervención del diablo quien estaba detrás de los fenómenos climatológicos que eran adversos.

Antes de la existencia de estas prácticas conocida como *tempestarios*, es decir, los que se dedican a detener o reducir el impacto dañino al mínimo que pueda causar una tormenta o una tempestad.

Tempestarios.

Que la causa sea natural o diabólica es otro asunto. Pero antes debemos entender un poco el origen de la meteorología, su concepto inicial que después surgieron estos personajes mágicos, tanto en el entorno rural como en una ciudad.

Predecir el parte meteorológico en tiempos antiguos, se basaba en vaticinios de las creencias y folclore popular, como la adivinación. También se basaban en tres de las obras del polímata Aristóteles que abordan la exégesis de los fenómenos atmosféricos. Los libros mencionados de esas interpretaciones son: Acerca del cielo, *De la generación y corrupción* y *Meteorológicos*. Por último, en una complicada rama, más científica y profunda para aquellos siglos medievales: predecir a través de la meteorología astrológica.

Parece extraño citar unas breves líneas de los orígenes o bases de la meteorología, pero debemos recordar que hasta el siglo XVI-XVII no nació el estudio y análisis de la meteorología moderna tal como la conocemos. Precisamente, surgió cuando dejaron en evidencia al gran Aristóteles con sus errores toscos de cálculo y observaciones. Desde entonces, evoluciona tenazmente esta popular profesión que la conocemos de forma notoria como 'el hombre del tiempo', gracias a sus pronósticos a través de las televisiones y las emisoras de radio.

Interpretar y predecir el tiempo ya viene desde las primeras civilizaciones. Existen datos astronómicos y pronósticos en la región de Babilonia y en las culturas mesoamericanas.

El tiempo era fundamental en el día a día del agricultor. Recordemos que era una de las profesiones más habituales de siglos anteriores. Del tiempo dependía el momento de la siembra, de poder labrar, de recoger el fruto, hasta de la trashumancia. En esto encontraron una solución: observar los ciclos de la naturaleza.

Pero el gran miedo y temor del habitante medieval era la duda eterna que merodeaba en sus mentes de forma diaria: ¿Qué tiempo hará mañana? ¿lloverá? ¿podré sembrar o sacar el ganado?

Para este tipo de preguntas se las ingeniaron para predecir su propio parte meteorológico observando el Sol, la Luna, el viento, las estrellas, incluso los ríos y pozos. Si hubo una forma peculiar de acercarse a pronosticar, era observar el vuelo de las aves, de las moscas y observar el comportamiento de las ranas, gallinas así como algunas plantas muy sensibles. Esto en su conjunto facilitó el desarrollo de los populares refranes sobre el tiempo y muchos de ellos los conocemos de primera de mano, por citar unos ejemplos sencillos y fáciles de recordar: «en abril aguas mil», «por Santa Teresa trae agua a las presas» o el chistoso «cuando el grajo vuela bajo, hace un frío del carajo».

Si observa esos sencillos refranes habrán notado detalles de naturaleza que dan parte del tiempo, como lluvia en una determinada época, la actitud de un animal o referencias por santorales.

Entre esos procedimientos mágicos de adivinación del pronóstico del tiempo estaba la *escapulamancia*. Una práctica de origen islámico de la España medieval y se conservan ciertos datos y manuscritos de esto (Charles Burnett *An Islamic divinatory technique in medieval Spain*, 1994).

Esta práctica consistía en la interpretación de la apariencia y aspecto de la paletilla de cordero una vez asada. Tenía una doble inclinación, a nivel público y a nivel privado. La parte privada daba los posibles compases de la gestión familiar y del hogar particular mientras, la pública, sugería y asesoraba los asuntos cotidianos

Ein Augur.

de la comunidad, del Estado, las cosechas y, por supuesto, el parte meteorológico.

La influencia de la cultura céltica también ha dejado su huella ancestral con una curiosa y peculiar práctica. En este caso cambiamos de animal, se usaba el esternón de un ganso que debe comerse y cocinarse el 11 de noviembre. Si el esternón del ganso es blanco, anunciaba un duro invierno con nieves y frío intenso. Si lo observaban moteado sería un vaticinio de tiempos variables, finalmente, un esternón con la mitad blanca y la otra oscura, les señalaba que el invierno entrante sería severo y el resto acontecería de forma suave. Este análisis está enfocado a una única estación, el invierno. Un rito que hemos transformado con el paso de los siglos sin percatarnos: El día de San Martín. Esta fiesta céltica fue transformada al cristianismo, conocida como la tradicional matanza.

Las celebraciones de aspecto religioso eran indivisibles del conocimiento de los vaticinios, donde muchas creencias fueron absorbidas por el cristianismo. Por citar otra tradición ancestral como una nueva forma peculiar de adivinar el parte meteorológico, era la observación del humo producido por los altares del sacrificio. El destino de la humareda, determinaría qué ciclo de tiempo atmosférico podía dominar el lugar, si llegaría mucho frío o se intuía la llegada de sequía o lluvias.

Por extraño y sorprendente que parezca, nuestras generaciones pasadas de siglos atrás, no sabían distinguir la práctica astronómica de la meteorológica ni tampoco excluían los acontecimientos del cielo como los eclipses o cometas.

Para el personaje de antaño, todo lo que se divisaba observando hacia arriba, en el firmamento, formaba parte de la divinidad. Por esta causa, los fenómenos que observaban, indicaban manifestaciones o preceptos de la voluntad de Dios, que podía gratificar sus oraciones y peticiones con una lluvia benigna, una brisa suave o un sol agradable. Sin embargo, también podía castigar las herejías y faltas de los preceptos cristianos lanzando un terrible granizo, una tempestad, tormentas catastróficas, sequía extrema o una plaga.

Evidentemente, en esto último no creían que estuviera la mano de Dios, ni tampoco que sea tan cruel como para arrasar la ganadería y agricultura, profesiones dominantes hasta bien entrado el siglo XIX junto a los artesanos. ¿Quién estaba detrás del mal tiempo y las tempestades terribles? La mano del diablo, sus huestes, incluso las denominadas brujas.

Para ello surge una inesperada figura mágica en la que depositaban gran parte de su fe y esperanzas: el conjurador de tormentas o *tempestario*.

Detener o amortiguar al mínimo el daño que podía causar una tormenta era el objetivo de estos mágicos personajes. En este sentido, confiaban en una serie de prácticas como el uso de oraciones de súplica de protección a Santa Bárbara; un ejemplo es esta oración que citaban desde los *conjuranderos* o ubicarse en la parte más alta de la Iglesia:

«Santa Bárbara, mártir y fiel servidora, te ruego conjures cualquier tormenta, cualquier furia de la naturaleza que para mí se vuelve imposible evitar, intercede desde la plenitud celestial donde gozas eternamente de los favores del Creador.

Aplaca con la fuerza de la cual gozas por el favor del Padre, la furia desatada, confío plenamente en tu poder otorgado por los méritos de tu santidad, por la gracia que del Padre reciben todos sus elegidos y por los ruegos que desde la tierra presentamos quienes en tu bondad creemos y tu santidad veneramos.

Amadísima y venerable elegida de Dios, Santa Bárbara protectora contra rayos y tormentas, hoy ruego por tu presencia y ayuda, ruego por tu mediación ante el poderoso, Santa Bárbara mi integridad y la de mis seres queridos a ti confío, apiádate de mí en esos momentos de peligro, cuando eventualmente la naturaleza incontrolable deja escapar su poder y muestra su alcance destructivo.

Ruego seas pronta y oportuna en socorrerme, no faltes ante mi pedido de auxilio, mira el poder de la naturaleza cuando la tormenta se forma, mira mi fragilidad ante estos eventos; Santa Bárbara, no tengo mérito alguno para pedir tu intercesión, hazlo por tus méritos ganados en la tierra y por la gracia eterna de la cual gozas bajo la presencia del Padre.

Gracias venerable servidora, gracias, Santa Bárbara bendita por llevar al Padre el mensaje de esta oración, eres tú quien tiene la capacidad de ver mi necesidad, de medir el peligro y el riesgo al que me expongo; desde mi frágil humanidad te ruego sálvame del peligro de toda tormenta, de toda furia incontrolable de la creación y de toda exposición que me represente algún peligro. Amén».

No solo luchaban con oraciones los *tempestarios,* confiaban mucho en el uso de la campana y, en caso extremo, recurrir al uso de un exorcismo. Sí, han leído bien, un exorcismo frente a las tempestades y plagas.

Obviamente, no siempre observaban que las inclemencias del tiempo fueran malignas, existían unas clarividencias en la mentalidad del personaje rural, podían ver en una tormenta un castigo divino.

Ellos ignoraban el proceso natural del curso de evaporación del agua, condensación en la atmósfera y finalmente, por enfriamiento, la caída del agua. El pensamiento que heredaron de la Edad Media era que las tempestades podían proceder de la mano de Dios por injusticias y castigos. Otra percepción era la vertiente ancestral y pagana, que han conservado pese a las nociones cristianas. Cuando observaban unas concluyentes manifestaciones en el cielo de cuerpos celestes, como un cometa, eclipse…, provocaban transformaciones y un temor; para ello citamos un párrafo de Jerónimo Muñoz, valenciano que dejó unas interesantes observaciones y premoniciones durante el paso en la ciudad de Valencia de un cometa en 1577:

«Esta cometa es hijo de Marte, señor del eclipse, y por tanto confirma los significados del eclipse, y porque se ha hecho en escorpión, casa madre nocturna… en tiempo de constelaciones húmedas, gran humedad, y en tiempo de secas, sequedad… corrupción de los frutos de la tierra por la gran desigualdad de los tiempos y por nieblas… peligro de hambre y muerte… grandes tempestades, falta de peces y destrucción de los frutos de la tierra por langosta y sabandijas…» (Hyeronimo Muñoz, *Summa del pronóstico del cometa del eclipse de la luna en Valencia* 1557).

Tanto eclipses como los cometas son creados, según la creencia de aquellos tiempos, por la divinidad. Para anunciar su enojo o también era una intervención diabólica. La Iglesia, para bien o mal, siempre buscaba cualquier rastro por pequeño que fuera del poder del diablo en las fenomenologías naturales.

Otros conceptos dentro de la teología, se encuentra la cuestión de si los brujos o brujas podían en sus reuniones provocar, con la ayuda del diablo, tempestades o desastres naturales que arrasaran de alguna forma los beneficios que les aportaba el campo o ganadería.

Para prevenir estos calamitosos efectos de las tempestades, se procuraba aplicar una combinación de remedios naturales y espirituales, cuya finalidad era conjurar o, como mínimo, atenuar los efectos de una tormenta.

Pese a ello, los pensamientos religiosos no estaban ajenos a polémicas e intensos debates entre teólogos; para Pedro Ciruelo (1470-1560), cree que los nigromantes invocan a diversos diablos para hacer el mal, lo que sugiere señalar *de facto* a los personajes que realizaban prácticas mágicas. La vertiente opuesta viene de la mente de un calificador del Santo Oficio, Pedro Gil (1551-1622) que plasma su observación en un manuscrito:

«... comúnmente los pueblos y gentes digan contra las brujas, que hacen infinitos males, y que merecen mil muertes, y así los jueces se inclinan por mandar ahorcarlas. Porque son pobres, desamparadas, cortas de juicio, ignorantes en fe y religión cristiana, y observancia de los mandamientos y buenas costumbres, ninguno aboga por ellas...» (Pedro Gil, *Memorial en defensa de las brujas* 1619. Archivo Universitat de Barcelona, 1008-10 Tomo I).

Se señalaba con facilidad a estos personajes basándose los jueces, a menudo, en testimonios de dudosa credibilidad: que provocaban tormentas, granizo y fuertes vientos a través de ritos que aplicaban las brujas o brujos.

Al margen de juicios, existían dos métodos que eran aceptados en casi todas las grandes ciudades y poblaciones menores, así como el mundo rural.

El primer método sería haciendo tañer la campana o campanas de las torres de las iglesias que dispusiera la ciudad o lugar, como medio defensivo que aunaba unas virtudes espirituales. Se hacían sonar las campanas que desprendieran el tañido más potente y fuerte.

El uso de la campana se toca por una creencia arraigada en los conceptos teológicos:

«... los demonios temen mucho su sonido que oyéndolas echan a huir...» (Benito Remigio Noydens, *Práctica de exorcistas y ministros de la Iglesia...* 1673)

Se podía dar el caso de que en ciertas fechas del calendario litúrgico se hicieran tañer durante los primeros tres días del mes de febrero para impedir la «coagulación del granizo» (Padre Feijoó, *Días aciagos*, Teatro Crítico Universal, 1726-1740).

Casi todo estaba vinculado a la magia de la campana y, por ende, a la profesión del campanero que observaremos en un capítulo aparte.

Tan potente era la atracción mágica que existía en muchas regiones de la península una superstición entre las mujeres embarazadas.

Este detalle de índole mágica consistía en «medir la campana o tocarla con una faja con que anda ceñida la mujer preñada, entendiendo que por este medio han de tener buen parto». (Benito Remigio Noydens, *Práctica de curas y confesores*, 1699)

El segundo método era ubicarse un religioso o persona autorizada a ello, en lo alto de la fortaleza o torre más cercana para realizar unos disparos de artillería en dirección al nublado.

Esta última costumbre se ha mantenido viva hasta casi nuestros días. Por citar un ejemplo, en la localidad valenciana de Xeraco, todavía perdura esta tradición del mundo rural.

Cada vez que se acerca una tormenta a las zonas de labranza, salen algunos agricultores (normalmente son familiares entre ellos) a la caza de la tormenta, para lanzar unos cohetes cargados de yoduro de plata. El objetivo de ello es claro y evidente, frenar el granizo o al menos que no tenga tanta capacidad para dañar a la agricultura. Esto es una herencia ancestral, que se ha ido adaptando y aunando folclore popular con técnicas meteorológicas.

Estos dos métodos eran los habituales, confiaban en las buenas virtudes del sonido de la campana y las salvas de fuego o pirotécnico. Sin embargo, cuando la Iglesia observa que las operaciones realizadas fallan, era una señal inequívoca de que esas tormentas están creadas y manipuladas por la mano del diablo. Y es aquí cuando se recurre y se hace preciso conjurar.

Es una extraña miscelánea de la superstición y una sacralidad que permitía dominar el miedo de los pobladores del medio rural, especialmente las áreas más alejadas de las grandes ciudades. Los ritos de los conjuradores han estado siempre en el punto de mira de la Iglesia de Roma. Intentando poner fin y prohibiendo las publicaciones de oraciones exorcistas que se enfocaban a conjuros contra plagas y tempestades. La autoridad religiosa consideraba que eran una ramificación de usos y costumbres paganas basándose en los criterios del Concilio de Trento.

Pero estas reglas de las autoridades eclesiásticas, o bien no llegaban las pautas a las poblaciones de las áreas más profundas de la península y alejadas que ignoraban dichos vetos, o bien las conocían pero hacían caso omiso aplicando sus ritos y costumbres habituales.

El criterio de la Iglesia sólo autorizaba el uso del conocido ejemplar denominado *Rituale Romano*, de no hacerlo lo consideraban un delito con pena de excomunión. En este manual están los ritos autorizados y hacer algo ajeno es considerado un quebrantamiento de la ley. La codicia de los religiosos del mundo rural se convirtió en un serio problema, no era realmente la contrariedad de saltarse las normativas. Estos personajes sólo pensaban en llenar su bolsa. Se obsesionaban con ese objetivo conociendo el temor que albergaban los habitantes a perder sus cosechas a causa de una tempestad o una plaga. Utilizaban las creencias ancestrales de sus habitantes y feligreses en su propio beneficio, ya sea para realizar un conjuro contra las tormentas, plagas de langostas o, incluso, contra personajes diabólicos como los duendes. A causa de esta actividad de usura, la Iglesia se vio forzada a añadir una norma más: prohibir que perciban retribuciones por conjurar.

Esta actitud de los religiosos deshonestos no se quedaba sólo en recaudar, llegaban a realizar procesiones con imágenes, reliquias de santos y cirios con unas plegarias en dirección al firmamento o las nubes que amenazaban con tormentas. A simple vista se observa que no hay nada malo en ello si nos basamos en sus creencias religiosas, pero sucumben de nuevo en el delito de recaudar fondos. Esto se prohibió en muchos sínodos provinciales, que decidieron prohibir este tipo de procesiones. Sólo permitían dejar abierta las custodias (sin sacarlo del sagrario) para que los feligreses lo adoren, sin más.

Martín de Castañega en su obra editada en 1529, *Tratado de las supersticiones y hechicerías*, ya dejó su opinión acerca de estas prácticas que abusaban de codicia los conjuradores, adivinos y nigromantes; con estos ritos contra las tempestades, ellos comían en exceso y disfrutaban a costa del engaño.

Para los habitantes de las zonas rurales, arraigados en sus costumbres ancestrales, el religioso local lo veían como el sustituto del chamán conjurador. Algo que aprovechó la Iglesia para imponer su fe, sus creencias y, de paso, adoctrinarlos en su instrucción cristiana.

Un ejemplo de ritos de conjuradores lo hemos observado durante un fenómeno de naturaleza acontecido en el año 1756 en las localidades de Alzira, Algemesí, Requena incluso en Xàtiva.

Una terrible plaga de langosta supuso un terrorífico momento para los habitantes de la zona. Vieron en ella el fin de los tiempos, el día se hizo noche y sucumbieron con temor ante un castigo de proporciones divinas. Contra este fenómeno de naturaleza se luchó con las armas de los conjuradores y *tempestarios*. Y no escatimaron en esfuerzos realizando decenas de misas preventivas, plegarias, hasta un gasto inusual en velas.

Otras localidades fueron más macabras en sus ritos, no por decisión propia, sino por sugerencia en las virtudes de percepción e intuición de los conjuradores ante la plaga. Los feligreses, salieron descalzos en procesión aplicándose durísimas disciplinas. Los conjuradores, cruz en alto, invocaban con sus oraciones el fin de la plaga, no como un mal diabólico, sino como súplica ante Dios por los posibles pecados cometidos.

Entre sus ritos y formas de lucha contra las plagas incluían los exorcismos. Pese a estar vetada esta práctica sin permiso, estos personajes mágicos realizaban su proceso exorcista al campo, forzando a los demonios abandonar el terreno, plantado varias cruces de madera en los campos y accesos de los pueblos. Paradójicamente, a pesar del desastre que supuso la plaga de langosta a los campesinos, los conjuradores e Iglesia aumentaron sus beneficios.

Los *tempestarios*, para aplicar sus conjuros particulares, si la localidad disponía de ello, se dirigía al *esconjurandero*. Una pequeña construcción de origen medieval que, normalmente, está orientada a los cuatro puntos cardinales. Esta mágica construcción siempre estaba cerca de la Iglesia local del pueblo, o una zona más elevada.

El *esconjurandero* no solo era para aplicar ritos frente a las tormentas, sino que se podía utilizar (por los religiosos) para alejar el mal de ojo, posibles maldiciones vertidas contra el pueblo incluso para alejar aquellas epidemias que comenzaban a hacer estragos, como la peste.

En cuanto se divisaba una fuerte tormenta, con sospechas de dejar caer el temido granizo, el pueblo entero o gran parte de él, se dirigían con el párroco a la cabeza al *esconjurandero*.

Ahí, todos apretados, bajo el techo de aquella singular construcción, comenzaba el ritual contra las tormentas que considerase idóneo el párroco, que ejercía de conjurador.

Normalmente se citaban plegarias a Santa Bárbara, se rociaba agua bendita a los cuatro puntos cardinales y lanzaba un conjuro de palabras mágicas, que nadie o muy pocos entendían. La pregunta que nos hacemos es ¿por qué Santa Bárbara en sus rezos y no otra entidad?

La elección es a causa de unos daños colaterales durante su martirio en el siglo III. Esta santa abrazó el cristianismo, algo que su padre vetó y prohibía. Por ello fue sometida a un cruel castigo a manos de su propio padre.

La llevó a lo alto de una montaña para torturarla, fustigarla y finalmente degollarla. Objetivo que cumplió, sin embargo, la ira divina hizo caer un rayo, fulminando al padre tras ese cruel instante de su crimen. Por esta causa es consideraba patrona de las tormentas, pero también de las profecías relacionadas con elemento explosivos, de ahí que también sea la santa protectora de mineros, artilleros... Sus reliquias descansan en Venecia, concretamente en la Chiesa (Iglesia) di San Martino di Burano.

Curiosamente en la provincia de Valencia hay buena cuenta de esta santa. Una de sus falanges se conserva en la iglesia de San Jaime de Moncada, mientras que en la iglesia de San Juan del Hospital, en Valencia, se encuentra la columna donde supuestamente fue martirizada, en una capilla bajo la advocación de la santa. Esta reliquia fue traída a la ciudad de Valencia por la emperatriz Constanza Augusta de Grecia.

Seguramente habrán escuchado una frase folclórica y popular: «sólo te acuerdas de santa Bárbara cuando truena». Es una frase llena de simbolismo y un significado tradicional, siempre dejamos todo para el final, luego llegan las quejas.

Muchas zonas peninsulares usan una rama de palma, como protección particular contra caídas de rayos, no es de extrañar, es uno de los atributos de Santa Bárbara. A nivel particular existen muchos personajes ajenos a la Iglesia que aplicaban su propio rito ancestral, como dejar cuchillos y las hoces en las ventanas, pero con las afiladas puntas apuntando al cielo. O bien colocando algunos objetos metálicos fuera de las casas los días de tormenta o esparcían sal en la entrada del hogar.

Que a nivel particular se aplicasen ritos personales estaba castigado por la Inquisición: de ello hay varias pruebas de condenas por utilizar prácticas mágicas contra las tormentas, especialmente en la zona norte era bastante habitual usar conjuros contra tempestades y tormentas hasta bien entrado el siglo XX por una profesión muy arriesgada, ser pescador en el mar. Una tormenta sobre el mar suponía andar sobre el filo de la navaja y regresar con vida ya era un regalo divino.

El filólogo Jesús Suárez, acreditado especialista del folclore asturiano, es el creador del Archivo de la Tradición Oral de Asturias donde pudo recoger diversos conjuros contra las inclemencias del tiempo; este que ofrecemos tiene la particularidad de usar nueve piedras mientras repican las campanas el Domingo de Resurrección y conservarlas en casa. Aunque existen otras versiones como dejarlas en el tejado o lanzarlas hacia la tormenta.

Para usarlas se debe citar este conjuro que pudo recopilar el mencionado filólogo, que se recita una vez con cada piedra haciendo la señal de la cruz con cada una de ellas:

Toma, toma, reburdiona,
n'aquel cabo Cristo sona,
Dios empare el pan ya'l vino
ya la gente del peligro.
¿Dónde vas a descargar?
A las penas del mar,
adonde nu oigas el gallo cantar
ni el buey manso reburdiar.

(Narrada por Dora Lago Lago, 76 años –2013– a Jesús Suárez.)

Es evidente que el temor a las tormentas sigue vigente, ya no nos percatamos de ello, estamos bajo techo, seguros, con nuestras protecciones avaladas científicamente. Sin embargo, fuera de nuestro área de confort, sigue existiendo ese miedo entre agricultores y profesiones que dependen mucho de los caprichos de la meteorología.

¿Se siguen haciendo conjuros?... es posible, igual llueve, pero nos aseguran que han logrado amilanar la furiosa tempestad. Quizá existan conjuradores ocultos por nuestras tierras, velando por la humanidad, protegiendo la naturaleza y puede que contra los seres más malignos.

— 4 —

Los animeros y oracioneros
Desarraigar almas en pena

«En su oficio era un águila: ciento y tantas oraciones sabía de
coro; un tono bajo, reposado y muy sanable, que hacía resonar la
Iglesia donde rezaba; un rostro humilde y devoto, que con muy
buen continente (semblante y compostura) ponía cuando rezaba,
sin hacer gestos ni viajes con boca ni ojos como otros suelen
hacer. Allende desto, tenía otras mil formas y maneras para sacar
el dinero. Decía saber oraciones para muchos y diversos efectos:
para mujeres que no parían, para las que estaban de parto, para
las que eran malcasadas, que sus maridos las quisiesen bien».

(Fragmento de la obra *El Lazarillo de Tormes*)

Todos, en algún momento de nuestra vida, hemos lanzado al aire
una expresión similar a ¡Por Dios! o ¡Que Dios le proteja!, independientemente de la ideología religiosa que se profese porque en el
fondo, todos y cada uno de nosotros, tenemos algo de animeros y
quien lo niegue, miente.

Desde tiempos ancestrales y aún en la actualidad, se ha convertido
en un oficio más caritativo que oneroso el hecho de recitar oraciones y
plegarias de acompañamiento a las ánimas de los difuntos, con el fin
de que el trance hacía el 'otro mundo' no lo realicen de forma solitaria.
Esta actividad la llevaron a cabo los animeros u oracioneros.

Los animeros eran una especie de santeros o curanderos, pues no
solo hacían de lazarillos de las almas en pena sino que también curaban enfermedades. Fue una figura relevante en las sociedades cam-
pesinas del siglo xvii hasta mediados del siglo xx. Por ello fue un

oficio que se ejerció principalmente en zonas rurales, como la mayoría de los oficios basados en el folclore popular.

El origen de los animeros lo encontramos en las islas Canarias siendo una tradición que entronca con el pasado nativo e indígena de los habitantes de las islas, remontándose incluso a la creencia de los guanches, para quienes existían dos almas, una de ellas viajaba al cielo y la otra entendían que se quedaba pegada al cuerpo y es ahí donde arranca la figura de los animeros. La raíz por tanto se puede situar en los antiguos *samarines* (considerados como hombres de poder) quienes tenían la capacidad de interactuar con el mundo intangible y conectar con los espíritus que afectaban a los vivos. En Gran Canaria fue un oficio practicado principalmente por mujeres, cuya función era desarrimar las ánimas que se pegaban a los vivos y que les causaban afecciones físicas y espirituales.

Oracionero, ilustración de Miguel Zorita para este libro.

Es un dato muy interesante hacer referencia a la última animera que se conoce y que vivió en Tejeda, de quien se dice que comentaba que no le era grato realizar este tipo de trabajo y curaciones porque cuando tenía que actuar, bien porque los espíritus le solicitaban que se celebrara alguna misa o se resolviera alguna cuenta pendiente para poder descansar en paz, quien finalmente tenía que realizar tales trabajos era ella misma.

Existe una tradición canaria y que no está presente en la península, consistente en que cuando una persona, a la que no se le tenía en muy buena estima fallecía, se le ataban los dedos gordos de los dos pies con el fin de que no la poseyeran los espíritus malignos de los desencarnados. Esta tradición tiene su origen en las curaciones que realizaban los oracioneros de aquellas personas, dotadas de cierta maldad, a quienes se les juntaban o pegaban espíritus y almas errantes que, unido a la maldad de la persona, hacía que aquellos se convirtieran en demonios y diablos, poseyendo al vivo penetrando por el dedo gordo de los pies.

En la actualidad los animeros prácticamente han desaparecido, de hecho en Tenerife el último animero falleció en la década de los cincuenta y en Gran Canaria en la década de los sesenta y setenta del siglo pasado.

Para la lucha frente a los espíritus y almas en pena, los animeros se servían de una serie de armas necesarias entre las que cabe destacar la cuerda de san Francisco, la cual constaba de cinco nudos y era del mismo material que los cordeles; se entregaban en las iglesias cuando algún feligrés realizaba algún tipo de promesa. Era por tanto un tipo de cuerda que ayudaba a ahuyentar a los malos espíritus. Otro tipo de arma que utilizaban era la fabricación de un talismán que no solo servía para protegerse de los espíritus malignos, sino que también confería la capacidad de poder verlos y luchar, de este modo, contra ellos. Se trataba de un talismán redondo que se ponía en la cabeza para poder hablar con las almas, fabricado en bronce y plomo, con signos cercanos al arte rupestre zoomorfo *amazigh*.

Lógicamente la Iglesia católica rechazó de plano la figura del animero, como en la mayoría de los oficios que se tratan en este libro, por considerar que realizaban actos heréticos y supersticiones susceptibles de ser perseguibles por el Santo Oficio, como así fue y que luego veremos. Bajo nuestro punto de vista, el rechazo por la Iglesia es contradictorio con sus postulados, puesto que esta es partidaria de la existencia de las almas y, hasta hace bien poco, del purgatorio. Por ello, el animero no hace nada distinto a lo que realiza un sacerdote con el acto de la confesión, es decir limpiar y purgar los pecados de los vivos mediante la oración y penitencia; el problema es que cuando se realiza en el mundo de los muertos, se rebasa una línea roja puesto que la Iglesia entiende que es competencia divina juzgar a cada alma según sus actos en vida. Esto hizo que llegará a ser una actividad prohibida y sacrílega, de hecho como afirma Carolina Pérez Ramírez, en una de las últimas encíclicas que escribió el papa Juan Pablo II se definió el debate sobre el purgatorio. Según el santo, quien fuera el máximo jerarca de la Iglesia católica, el purgatorio no existe como un sitio físico, sino que es un estado del alma, lo que quiere decir que ningún alma puede salir de ese lugar y hacer el recorrido por las calles pidiendo una oración, ni volver a despertar a la gente y acompañarla en momentos de peligro. Sin embargo, sigue siendo una creencia arraigada. Aún hoy son muchos los que confían su protección a estos personajes por el mes de noviembre, saliendo todas las noches de caminata.

Fueron perseguidos y condenados por sus actos, de esta forma, se encontraron legajos escritos por monjes de la Orden Capuchina, entre los años 1789 y 1790, que en tales fechas predicaban por la zona norte de Tenerife y acusaban a los animeros de «malvada raza de animeros», entendiendo sus conocimientos como «erráticos y falsas creencias, muy próximas a coincidir con la herejía de la transmigración de las almas de difuntos». Previamente a estas fechas, la Inquisición actuó contra un animero llamado Salvador Martín, en un proceso que se siguió contra él en 1737, y a quien se le acusó de interceder entre los vivos y los muertos y realizar prácticas de curanderismo. Como siempre, es importante acudir a las fuentes primigenias, y en el proceso que se llevó contra Salvador, se recaba mucha información trascendental para conocer la forma de actuación de los animeros. De esta forma, en el proceso, el propio acusado indica que «...las ánimas, tenían el purgatorio, no en otro mundo sino en este y que habitan en parajes naturales y otros en los lugares donde vivieron siendo vivos, y que molestaban para pedir sus deudas y recados, hasta que él les enviaba al cielo mediante rezos...». También en el propio proceso se hace una diferenciación entre los espíritus buenos o al menos aquellos que no causan daño a las personas pero que es necesario desarraigarlos, y aquellos otros espíritus malignos que van acompañados de demonios y que son los que provocan dicha maldad. De esta forma se dice «... los espíritus son unos buenos y otros se hacen acompañar por demonios, estos son los que se meten en los cuerpos de los vivos por los dedos de los pies mientras duermen, estos espíritus son malignos por su compañía, y causan enfermedad y padecimientos a quien se arriman y él libera al vivo de tales espíritus mediante unos exorcismos que conoce...».

Es interesante también lo que Salvador Martín informa al Santo Oficio de los medios de los que se valía para poder hacer frente a los espíritus y determinar si alguna persona que acudía en su ayuda podía estar afectado o atrapado por alguna alma. De este modo,

Oracionero, fuente periódico *La Estampa,* 1930-1934.

indica el acusado «... que para él saber si hay un ánima arrimada, usa unos métodos, que son mirarle las aguas de los orines al afectado, le mira la sombra con una vela, mandarlos a revolcarse en la tierra para ver la figura que tenía el ánima en vida, hacer santiguados, sahumerios y encargar plegarias, especialmente al espíritu santo...».

Es por tanto un documento de enorme importancia para poder conocer en profundidad la forma de actuación de un animero, siendo necesario hacer referencia a dicho proceso.

Llegados a este punto, se puede considerar que el animero es un lazarillo de almas que necesitan de la oración de los vivos para alcanzar su descanso eterno. De esta forma, cada 2 de noviembre (día de difuntos), el animero salía desde el cementerio del pueblo, a las doce de la medianoche, vestido de blanco, con dirección al pueblo o aldea caminando y rezando, deteniéndose en aquellas viviendas donde aún está presente algún moribundo o donde recientemente se ha producido el fallecimiento de algún ser. Dice la gente que donde se ven animeros en plena letanía se percibe un ambiente frío, helado, gélido sin que la temperatura del resto de lugares se vea alterada, ni se produzcan cambios de temperatura. No obstante, en diferentes zonas geográficas de la península, el animero no sale desde el cementerio hacia el pueblo sino que realiza su ronda de plegarias y oraciones por dentro del mismo camposanto, deteniéndose en aquellas tumbas cuya sepultura ha sido más reciente y que entiende que necesitan de mayor ayuda para su acompañamiento hacia la luz.

La mirada del animero es profunda y penetrante, siendo la misma muerte la que aparece reflejada en sus pupilas, por ello quien se atreva a mirarlo a los ojos quedará enajenado de por vida, errando por siempre como un ser inerte en el mundo de los vivos, rodeándose de soledad y olvido. El animero suele caminar despacio, pausado, siendo observado por la multitud quien guarda un silencio sepulcral, pero en esa tensa calma se escuchan lamentos, sollozos y voces que se dice salen de los propios difuntos que le van contestando y suplicando, participando junto al animero, del tránsito al mundo espiritual que están a punto de iniciar.

Como hemos indicado anteriormente, los animeros suelen vestir de blanco pero también pueden utilizar una capa larga, negra, casi nueva para la ocasión, rematando la cabeza con un sombrero negro de ala ancha que le tape la cara y sea imposible ver su rostro.

El animero prácticamente no levanta la mirada del suelo, en señal de respeto por las almas. Toda la actividad del animero está sometida a un rito que debe ser respetado, ya que a él pueden unirse todas las personas que lo deseen, pero siempre desde el máximo respeto y silencio, ya que sólo él está facultado para comunicarse con los difuntos, iniciando su plegaría con «… un padre nuestro por las benditas ánimas del purgatorio…».

La finalidad del animero es brindar una oportunidad a las ánimas para que puedan purgar sus pecados, ya que toda persona al fallecer lo hace con faltas y pecados que no ha podido o no ha sabido limpiar en vida. En el momento del fallecimiento, todo ser humano es culpable de alguna acción que ha hecho en vida, de alguna deuda que no ha podido resolver, y la función del animero es limpiar dicha culpabilidad de forma que su tránsito a la otra vida sea honesto, librándose de su paso por el purgatorio. Tal y como afirma el antropólogo Gregorio Hernández, la historia de los animeros no es tan absurda como parece, ya que estos forman parte de una estirpe milenaria. En la Grecia Antigua existía el *psicopompo*, guía de las almas. En Egipto era Anubis, señor de la necrópolis, la ciudad de los muertos. En Atenas era Caronte el encargado de transportar las almas. Por todo ello, como afirma el autor citado, «… el animero representa un humano que tiene el puente con los muertos, y aunque suene ilógico, cumple su función para recordarle a los vivos la presencia de ese ser querido…».

Por tanto, el animero tiene como labor rescatar las almas del purgatorio mediante la oración, llevando a cabo su salvación. Él le enseña el camino a la luz a todas aquellas almas que por alguna razón no han podido entrar en el reino celestial y que vagan, sin rumbo, por el mundo de los vivos o purificándose con las llamas. Es significativo en este punto la referencia al fuego como elemento purificador y que ya la Inquisición se encargó de hacerlo efectivo con la quema de brujas en la hoguera. También el fuego está presente en la tradición y el folclore popular, ya que el mismo día 2 de noviembre es habitual encender una vela de color rojo y colocarla en algún lugar de la vivienda como forma de alumbrar el camino a aquellas almas errantes; aún recuerdo a mi abuela y a mi madre ómo llevaban a cabo esta tradición. Encender las velas se conoce como 'encendido de ánimas' en recuerdo a los difuntos de la familia, en mi casa se decía que *les animetes son les que munten al cel, i es la animeta, una volta tu ja has mort, la que munta el cel per donar llum"* (las almas son las que suben al cielo, y es el alma, una vez que tú has fallecido, la que sube al cielo para dar luz).

Son muchas las tradiciones que recuerdan el encendido de las velas; era habitual y aún lo sigue siendo, que funcionaran como un elemento protector ya que la vela encendida protegía y traía suerte a la familia; de hecho cuando tenía que examinarme en la facultad, le pedía a mi abuela que encendiera una vela y ella, sonriendo me decía, que ni de noche ni de día se apagaba. También es tradición en Ontinyent (Valencia) que en la noche del 2 de noviembre, la cama no quede deshecha durante el día, puesto que las almas en pena pueden habitarla y dormir junto a ti en busca de compañía. Esta misma tradición se recoge en Benissuera (Valencia), donde se decía que al levantarse había que hacer la cama porque si no las almas irían a la cama y se decía *el dia de les animes fem el llit abans* (el día de almas hagamos la cama primero), se entendía que era necesario hacer la cama porque las almas errantes vuelven al hogar de donde salieron. Por ello, como he indicado al inicio de este capítulo, todos tenemos algo de animeros.

El animero solía ir acompañado de uno o dos campaneros quienes se encargaban de hacer sonar sus campanillas para advertir de la marcha fúnebre. Es curioso ver la similitud que existe con la Santa Compaña, salvando las distancias, puesto que en esta estamos ante una procesión íntegra de difuntos anunciando el desenlace fatal de algún vecino, pero la formación es similar ya que el animero va delante, le siguen los campaneros, a continuación los vecinos y se dice que cerrando el cortejo, todas las almas que el animero ha ido citando en su caminar.

Las oraciones, letanías y rezos que se solían emplear para despertar, atraer y consolar a las ánimas eran similares a «ánimas del purgatorio quién las pudiera aliviar, que Dios les saque las penas y las lleve descansar», o «un padrenuestro por el alma más necesitada del purgatorio» o «un avemaría por el alma más olvidada y no tiene quien le rece» o «a todas ellas Señor dales el descanso eterno y brilla para ellas la luz perpetua».

El oracionero nunca podía mirar hacia atrás ya que la visión de las almas, quien se dice sólo él puede ver, pueden enajenarlo. También se decía que la hora de finalización de la procesión eran las tres de la madrugada ya que a tal hora todas las almas deben descansar y volver al sepulcro del que han salido; de forma que si, transcurrida tal hora, alguna alma sigue vagando, así quedará para siempre y jamás descansará en paz.

Para muchas culturas, noviembre es un mes funesto y sombrío por ser el mes de los muertos, de las almas en pena, de los rezos a los fallecidos y de la presencia del animero. Según el saber popular, el oficio de animero no era adquirido o aprendido mediante la experimentación, sino que se nacía con dicha virtud o gracia, ya que tenían la posibilidad de ser animeros aquellos bebes que lloraban en el vientre materno, al igual que otro tipo de oficios como el de curandero.

Como hemos ido viendo a lo largo del capítulo, el animero debe salvar a aquellas almas que se encuentran en el purgatorio limpiando sus pecados; y de este modo el catecismo de la Iglesia católica se refiere al purgatorio, aunque no lo nombra expresamente pero sí lo deja entrever, como el lugar donde acuden los que mueren en la gracia y en la amistad de Dios pero imperfectamente purificados, aunque están seguros de su eterna salvación, obteniendo la santidad necesaria para entrar en la alegría del cielo. Lógicamente para alcanzar esa purificación requieren de las oraciones de los vivos y en ese papel es donde encontramos al animero.

Una vez referido el dogma cristiano acerca del purgatorio, es necesario llegar a la siguiente conclusión, la cual es que la tradición del animero se complementa intrínsecamente con el fin purificador del purgatorio que se logra gracias a la oración de quienes están en la tierra. Por todo ello, podemos concluir que el animero es el guía para alcanzar de los vivos oraciones para aquellas almas que esperan ser salvadas.

En la actualidad aún existen cofradías de animeros que tratan de mantener vivo el folclore popular y etnológico de aquella profesión, se las conoce como las cofradías de ánimas. El origen de estas cofradías lo encontramos en la Edad Media y ha pervivido hasta la actualidad. Estaban regladas formalmente y aunque podían reunirse en cualquier época del año, lo habitual era hacerlo en las fiestas navideñas. La misión de estas cofradías era la oración por las ánimas del purgatorio; se consideraba como un acto humanitario, y en el fondo, también había cierta dosis de egoísmo, ya que de este modo, teniendo en cuenta la cultura del pueblo llano en el pasado, consideraban que si rezaban por dichas almas era una especie de garantía para que sus descendientes hicieran lo mismo en el futuro, y así garantizarse que también quedarían libres del purgatorio, en caso de que tuvieran que pasar por él. De este modo, se continuó con la tradición, ya que nadie estaba dispuesto a romperla, no fuese que su alma quedara encerrada y condenada para siempre y *ad eternum* en el purgatorio. Estuvieron y están hoy en día, muy implantadas, en la población murciana de Caravaca de la Cruz. En esta población, tal y como afirma José Antonio Melgares Guerrero, cronista oficial de Caravaca, las cofradías de ánimas se ocupaban de organizar toda una serie de ritos oracionales relacionados con las «benditas ánimas del purgatorio», que abarcaba un amplio espectro desde 'los ejercicios de ánimas' anualmente, durante el mes de noviembre; pasando por los sufragios mensuales, gastos de campanero que se ocupaba a diario y de mañana, al mediodía y a la noche de tañer el conocido y aún perdurable toque de ánimas, ejercicios e intenciones de misas. Las cofradías solían contar con la ayuda desinteresada de las cuadrillas de animeros, que mediante el baile e instrumentos musicales, recorrían los diferentes pueblos y aldeas, interpretando tonadillas y solicitando el aguinaldo para las ánimas del purgatorio. Como nos indica el cronista, las cuadrillas estaban formadas exclusivamente por hombres, y eran bien acogidas por el vecindario ya que era un rato de divertimento y asueto el hecho de bailar al son de la música. Asimismo, el aguilando se hacía en metálico o especie, siendo esta última la más habitual teniendo en cuenta la escasez de dinero en aquella época, donde era habitual el trueque. Evidentemente, no todo era jolgorio y alegría por parte de las cuadrillas, hay que tener en cuenta que podían visitar algún caserón o aldea donde se podía estar celebrando un funeral; por ello la forma de actuar de la cuadrilla era preguntar antes «¡Las ánimas benditas! ¿se canta o se reza?». De este modo, según cuál fuera la contestación por parte de los inquilinos o bien se rezaban oraciones entre los animeros y los familiares a uién rendían culto o bien cantaban alguna animera y se recogía el aguinaldo. Como afirma José Antonio Melgares, la llegada de los animeros se aguardaba en cada uno de los cortijos con impaciencia y se tenía como desaire la no asistencia a uno de ellos. Las familias se trasladaban de uno a otro caserío, compitiendo en agasajos a los músicos, y a veces las veladas se prolongaban hasta el amanecer en lo que se denominaba 'baile de ánimas'; estas proporcionaban cuantiosos ingresos a la cuadrilla cuando picados alguno de los miembros presentes, pujaban con bailar con alguna de las bellas mozas campestres.

Hoy en día, aún siguen existiendo las cuadrillas de animeros en la ciudad de Caravaca por lo que la tradición aún continua y esperemos que así perviva por muchos años.

A diferencia del animero, también hay que referirse a los santiguadores u oracioneros, quienes se dedicaban a sanar únicamente mediante oración o haciendo la señal de la cruz al enfermo, no debiendo utilizar ritos ocultos, heterodoxos, mágicos o que atacaran a la doctrina de la Iglesia. Los santiguadores se basaban únicamente en la oración o rezo, por terceras personas, para obtener el bien en ellas, por tanto no debían tener un objetivo maléfico. No cobraban nada por su oficio, únicamente la voluntad y debían formarse y enseñarse en el oficio, en escuelas creadas *ad hoc* para oracioneros, debiendo superar las correspondientes pruebas.

No nos gustaría cerrar el capítulo sin mencionar a uno de los muchos oracioneros o santeros que vagaron por nuestras tierras. Me estoy refiriendo a Saturnino Sáez y Sáez, natural de Santa Lucia de Ocón (La Rioja), nacido aproximadamente en el año 1850 y que iba de pueblo en pueblo, a lomos de su borrica, portando la Virgen del Carmen. Por todos los pueblos de la provincia de La Rioja iba con su borrica llegando a Correa, Galilea, El Redal, Jubera, Robres, etc.

La imagen de la Virgen estaba labrada en mármol blanco, con flores moradas y llena de escapularios que la gente a quien la Virgen le había remediado en algún mal, obsequiaba a modo de exvoto. La virgen iba protegida dentro de una hornacina o capilla mostrándola a todo aquel que le paraba por el camino para que pudieran rezarle, e incluso los niños que encontraba a su paso se arrodillaban delante de la virgen y la besaban.

Como él mismo decía «... voy de pueblo en pueblo pidiendo el culto a la Virgen...». Según él mismo contaba, se le puso loca la mujer y se ofreció a la Virgen por dos años; al transcurrir los dos años de promesa, tanto el cura como el alcalde y todos los vecinos del pueblo, le pidieron que siguiera porque era «honrao»(sic) y con él sabían que no faltaría ni una perra, ni una vela. Su mujer curó a los cuatro días de coger la imagen de la Virgen, y todo el mal se le había ido. Su mujer se llamaba Segunda Herrero Peña.

Según contaba, recorría todo el valle del Roncal, casi frontera con Francia, y a Vitoria y a Pamplona, únicamente provisto de su borrica, alforjas, cayada y la capilla de la virgen.

Saturnino sólo salía por el verano y por la época de recogida de la oliva ya que en invierno debía atender la ermita del pueblo; si se le quedaba algún vaso sin aceite y alguna vela dejaba de alumbrar, le ponían una multa de medio duro. Realmente ejercía el oficio por devoción más que por otra cosa ya que la gente no solía dar mucha limosna, «... en cada viaje saco como mucho veinte duros al mes y de ese dinero hay que descontar los gastos a raíz de medio celemín de cebada para la borrica que cuesta una peseta, un cuartillo de vino que me cuesta un rial, dos rialitos para comer y cenar todos los días y lo que sobra, que es poco, se lo entrego al cura y al alcalde a mi vuelta al pueblo...», así lo relataba Saturnino en una entrevista concedida al periódico *La Estampa* en el año 1931.

En Navarra era costumbre dar grano y en Pamplona era más de dar perras. Al final, tenía que sacar dinero por ello el grano lo vendía en las tiendas.

En fin, creo que es necesario recordar la figura de Saturnino, quien con su borrica y su capilla, iba por los pueblos gritando a todo pulmón: «¡Ave María Purísima! ¡Una limosna para la Virgen del Carmen de santa Lucía de Ocón!». Este mismo acto que hacía Saturnino, en el siglo XIX, todavía hoy se mantiene la tradición de pasear a la virgen, de casa en casa, siendo el domicilio donde se queda alguna noche, quien debe velar por ella, y al cabo de un par de días, cederla a otra vivienda quien continuara el recorrido hasta su vuelta a la capilla de la que salió. De esta forma, los vecinos que voluntariamente lo deseen, son partícipes de cuidar, dando calor y hogar a su patrona. Por ejemplo, recuerdo en mi infancia como la patrona de mi pueblo, la Virgen Purísima Concepción, estuvo en casa de mi abuela paterna durante un par de días, pudiendo acudir al domicilio todo aquel que quisiera verla y rezar. Transcurridos esos días, se le entregaba a otro vecino del edificio para que continuara la romería y el paseo de la virgen.

— 5 —
Curanderos

«Las aflicciones que sufre el cuerpo,
el alma las ve claras al cerrar los ojos».

Hipócrates

Una práctica ancestral nos ha seguido como una sombra desde los primeros tiempos que la humanidad comenzó a tener uso de razón. El curandero o curandera siempre han estado rodeados de un estigma de fe, de magia, de milagrería... y por supuesto, charlatanería y fraude.

En los últimos años, en un estudio reciente comparando las opiniones de diversos medios de medicina hospitalaria, observaron en las consultas médicas que los pacientes consultaron o han sido atendidos por un curandero, cuyos porcentajes se sitúan entorno el 15 y 20%, quizá la inmigración procedente de Latinoamérica, que es muy habitual en estas consultas a curanderos, ha facilitado ese aumento que citan. Estas personas citadas, confían mucho más sus problemas de salud en las virtudes del curanderismo y la medicina popular que en las prácticas científicas, en los médicos académicos.

La humanidad ha tenido siempre un doble temor: la enfermedad y la muerte. Y, posiblemente, seguimos temiendo a ambas. Este miedo ha facilitado la curiosidad y la lucha por desafiar una ley de la naturaleza. India, China y la región del Mediterráneo son casi la base de los conocimientos médicos. En cada cultura y civilización ha existido un interés por comprender la enfermedad. La salud siempre irá unida a la enfermedad.

Antes del nacimiento de la medicina moderna, depositábamos nuestras esperanzas de mejorar en la salud en los chamanes, brujos y brujas, barberos, sangradores… y de todas estas prácticas han dejado una herencia en el curanderismo.

Según Amezcua (*La ruta de los milagros* 1993), en el siglo XVII, los curanderos y saludadores eran reconocidos como oficios y debían solicitar el correspondiente permiso de autorización para sus prácticas. Especialmente la Iglesia era celosa de esta profesión hasta bien entrado el siglo XX. Aunque era tolerante, por la imaginería del catolicismo popular que decora las casas de los curanderos, no permitían saltarse una línea que separaba el oficio de sacerdote y curandero. Muchos de ellos se dedicaron a construir templos, a organizar romerías, oraciones en campo abierto… estos actos denominados paralitúrgicos (actos de ceremonias religiosas no reconocidas) eran motivo de denuncias y muchas disputas.

El don de curar a nivel milagroso sólo Jesús de Nazaret era la gran referencia e inspiración; sabemos que era un sensacional curandero y expulsaba hasta los espíritus más malignos de los cuerpos.

Natalia Capilla, curandera de Valencia principios
del siglo XX, fuente periódico *La Estampa*.

Leprosos, epilépticos..., tuvieron su salud gracias al don de esa misteriosa imposición de manos, incluso la de resucitar muertos.

Jesús fue la inspiración de los curanderos. Si estos después sanaban o no, es otro debate. Hoy en día, el curanderismo se le califica de superstición y fraude desde 1942, que se implanta el Seguro Obligatorio de Enfermedad, facilitando los derechos a asistencia médica... y es cuando se abre brecha dentro del mundo rural a la hora de consultar un médico. Todavía eran pocos los médicos de carrera que estaban disponibles, jóvenes con poca experiencia, sin medios ni tampoco un lugar para ejercer su profesión y añadirle la desconfianza de los habitantes. Junto a este cúmulo de inconvenientes, hay que sumar la lejanía que se encontraba de los núcleos de población rural.

Al margen de toda la historia y sus orígenes, debemos analizar la figura del curandero o curandera, cuyo oficio es una auténtica vocación, heredada o aprendida bien por herencia, por señales físicas o por el don de la gracia.

El curandero tiene una fe ciega en su trabajo, ejerce y muestra sus dotes de conocimientos en psicología, en los conocimientos de hierbas y plantas medicinales, fórmulas magistrales caseras de ungüentos, ritos de poderes ocultos y conocen las oraciones secretas de invocación a santos protectores.

Estas oraciones son un secreto familiar. El curandero durante su misión sólo la cita a través de su mente o murmurando de forma casi inaudible para el paciente. Esta oración puede ser desde un padrenuestro, una oración a un santo o santa particular incluso un ininteligible conjuro.

Oraciones, según las tradiciones de esta profesión, no se puede revelar a nadie, sólo a sus hijos en confesión casi en el momento de la muerte. De salir a la luz, pierde el aura mágico y el don de curar.

Si Jesús fue la inspiración, hán seguido su forma de proceder: la imposición de manos en la mayor parte de sus actos.

La mano, simbólicamente, es poder. No es de extrañar que la imposición de las manos sea un gesto de magnificencia de los santos cristianos. Los curanderos no se quedan atrás, en su mayoría, aplicar masajes, realizar tactos o sólo apoyar las manos sobre el paciente es uno de sus factores más importantes.

Para lograr esa comunión curandero-paciente es importante crear una atmósfera mágica y mística en su lugar de consulta. A menudo el paciente se encuentra hipnotizado, abrumado ante una especie de santuario religioso: estampas, figuras de vírgenes, rosarios, velas, inciensos de perfume penetrante... un crisol esotérico que mezcla visiones teológicas con sutiles aromas que entran en su organismo por el olfato, hace que se sienta confundido y dócil. A ello, añadir que es habitual tener un falso paciente durante la espera para conversar sus dolencias o preocupaciones, narrando las buenas virtudes del curandero y sus mejorías, para engatusar al doliente que acude en busca de milagros y esperanza. Semejante escenografía, les aporta un plus de fe ciega en el curandero.

Una vez activado el encuentro comienza una nueva pauta a seguir por parte del curandero, la maestría del diagnóstico y la etiología de la enfermedad o mal espiritual. En esta primera fase entra el concepto psicológico a base de preguntas, así como su fe en la gracia divina o santos que suele tener más predicamento el sanador.

Aquí también entran las virtudes de la videncia: de ser sensitivo ante un mal que no es enfermedad, sino un hechizo, un mal de ojo (aojamiento) o percibir malas vibraciones; esto sucede cuando normalmente saben que no hay enfermedad a tratar, sino una creencia ancestral del folclore rural. O bien una intervención de espíritus, difuntos familiares, demonios y, algunos más osados y extravagantes, señalan a los seres interespaciales, es decir extraterrestres (por citar un ejemplo, en la localidad de Torrent (Valencia, 1978) un curandero llamado Paquito, contactaba con seres de Ganímedes para sanar a través del código Morse).

Por ello, determinará como expulsar a ese espíritu maligno o aura negativa; para ello recurre al popular remedio de unas gotas de aceite de oliva en un vaso de agua o bol. Esta práctica mágica varía según las regiones. Normalmente se añade en un pequeño vaso un poco de aceite, para meter los dedos dentro del recipiente y hacer la señal de la cruz en la frente del supuesto contagiado; tras este paso hay que dejar caer una gota de ese aceite impregnado en los dedos en el bol con agua, una operación que ha de repetirse hasta sietes veces (aunque a menudo con una o tres gotas bastan), el dictamen del curandero no se discute; si se hunde el aceite al fondo del agua o se dispersa en pequeños fragmentos, está hechizado con el mal de ojo. Identificado este mal espiritual, aplicará la pericia sanadora para expulsar del cuerpo ese mal, haciendo esfuerzo para recuperar el equilibrio y energía (más conocido en el hinduismo como chacras), estimulación del ánimo, aplicar un exorcismo o emplear una oración como esta que ponemos de ejemplo que es una de las oraciones más conocidas en el entorno rural manchego, Murcia y gran parte de Levante.

«En el nombre sea Dios,
las tres personas de la Santísima Trinidad,
padre, hijo y espíritu santo. Amén.
Soy hijo de la Bermeja
que se chupa la sangre,
que se come la carne,
al que te ha puesto así
que lo queme, que lo abrase».

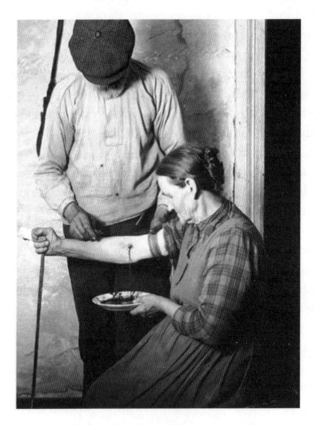

Curandero practicando una sangría, fotografía
del periódico *La Estampa* entre 1930-1934.

Pese a todo, para el curandero, tanto el contagio espiritual, por aojamiento o la propia dolencia del paciente, ha sido aceptada por la divinidad, por Dios y su poder. Y a ello, como he mencionado líneas antes, es donde se aferran sus capacidades de sanación: la gracia concedida, por haber llorado en el vientre de su madre, ser gemelo o haber nacido el día del Corpus (quizá para diferenciarse de los saludadores, vinieron al mundo en otros momentos).

Es evidente que el denominado mal de ojo no es una enfermedad científica, sin embargo, en la actualidad seguimos creyendo en esto, como un padecimiento social, que no podemos adjudicar a una causa, pero ahí está dentro del imaginario humano entre ambientes étnicos y del mundo rural. El tratamiento en manos de un curandero, permite sosegar la ansiedad y reducir el malestar generalizado.

La clarividencia del curandero es importante, especialmente para adivinar el mal y el remedio adecuado. Para ello, muchos curanderos aseguran tener conversaciones con seres espirituales a través de plegarias y conjuros que instruyen la potestad de la palabra. Aquí el poder de la imaginación del curandero es primordial, usando ciertos elementos como imágenes, reliquias y, sobre todo, la ingénita capacidad de hacer gestos (o teatro) hasta las percepciones sensoriales. El curandero, ante todo, es como un catalizador de expectativas para los que acuden en su auxilio.

La práctica del curanderismo evoluciona y cambia acorde con los tiempos históricos y se aferran a una red de creencias que circulan en cada momento.

La gran virtud de la mayoría de los curanderos se inspira en la gracia, pero ¿qué es la gracia, como se obtiene?

Se considera gracia una virtud mágica y milagrosa comunicada por designación divina, tal vez desde antes del nacimiento o bien a través de experiencias iniciáticas. Sin embargo, nada aclara las causas ni el proceso de elección. Esas divinidades que ofrecen la gracia o el don de sanar se los otorga, en líneas generales, la intercesión y/o apariciones de la Virgen. También relatan muchos curanderos que, ciertos santos, les cedieron esa virtud mágica. Es extraño, pero cierto, los personajes que generosamente decidieron acceder a darles ese conocimiento y dignidad de curar incluyen desde los arcángeles, beatas hasta Francisco Franco; sí ha leído bien, en la localidad alicantina de Petrer, los conocidos curanderos Paco y Lola, aseguran que fue Franco y Carrero Blanco quienes les concedieron la gracia.

De poco o nada servían los llamamientos desde los medios públicos o desde entidades hospitalarias para concienciar a las personas frente a estos sanadores, cuyos trabajos dejaban mucho que desear, no por la parafernalia y ambientes místicos, sino por sus remedios.

Aun así, muchos pacientes aseguran haber sanado de sus dolencias aplicando sus mágicos gestos, imposiciones de manos y recetas específicas.

Hay ciertas enfermedades que, curiosamente, sanan más rápido que las aplicadas a nivel farmacéutico o médico. Por citar un ejemplo esta la infección del herpes, popularmente conocida como 'culebrilla'.

Su recetario está basado en aceite de oliva, zumo de limón, polvo de talco y hacer una masilla uniendo ceniza o pólvora. Esto es lo más habitual en términos generales, para redondearlo con una mágica oración, la señal de la cruz, pasar una estampa de un santo católico, exvotos, hasta supuestas reliquias de otros mártires, que puede ser un trozo de tela, unas hebras de hilo o un simple objeto de pequeño tamaño (por ejemplo, una llave).

No es complicado explicar la causa de esa sanación, quitando la parafernalia para abrumar al paciente y sugestionarlo dentro de un mundo de la milagrería o del espiritualismo. El uso de aceite de oliva es milenario, siempre se ha usado como un calmante de la piel y de suavidad. La acidez del limón (incluso vinagre), es usado como antiséptico, así como el talco que puede ayudar a suavizar la piel. Respecto a otros elementos de su 'receta' no es más que un añadido, aunque la ceniza tiene ciertas propiedades para la piel. Es valorada por su capacidad eliminar toxinas e impurezas que resultan dañinas y perniciosas para la piel. No están tan lejos de un medicamento farmacéutico.

Este remedio es tan solo una pequeña muestra, no hay nada milagroso ni gracia divina, sólo un empleo de remedios naturales que se aplicaban desde tiempos medievales algunas de esas recetas. Muchos curanderos conocen bien el poder de ciertas plantas para aplicar o elaborar diferentes remedios. Este uso tan mágico y ancestral, la herboristería, se ha ido difuminando con el paso de los años, buscando más el fraude y cronificación de ciertas enfermedades para seguir consiguiendo pingües beneficios económicos.

En el fondo, podemos dejar la puerta ligeramente abierta al misterioso poder de la curación, por una causa, algo deben tener ciertos curanderos para que tengan algunos más de mil personas cada momento que se ponen a su práctica mágica.

Unas referencias interesante, una muy reciente, en la provincia de Valencia, y otra más alejada de nuestra época moderna, nos muestra que aún seguimos confiando en el poder de los sanadores, bien por la gracia divina, o por sus misteriosas dotes de sanación.

Cerca de Requena, en una pequeña localidad que vive de su aeródromo cercano, El Rebollar, hasta no hace muchos años, una fuente de sus ingresos locales procedía de los centenares de autobuses que se acercaban a recibir la bendición o la imposición de manos de un peculiar religioso que se hizo popular durante la década de 1990, el padre Leonardo López.

Diversos testimonios aseguran que sanaron desde un cáncer, enfermedades crónicas, parálisis y otras dolencias diversas. El padre Leonardo es un iluminado que, apoyado por unos colaboradores denominados 'los doce apóstoles', cada domingo congregaba a miles de seguidores en su denominado 'terreno', un lugar que considera sagrado y santo tanto por el propio Leonardo como por sus seguidores. Quizá esto debería archivarlo dentro de lo denominado como milagrería.

Aseguran que sus curaciones son elegidas al azar, que no existe un montaje previo ni pacientes placebo para lograr captar posibles adeptos. Curiosamente, como autor de parte de este capítulo, fui a conocer al padre Leonardo, gracias a la intercesión de la madre de un amigo mío que era adepta a las visitas dominicales en El Rebollar. Primero me aseguró que muchas personas con problemas auditivos sanaron con su imposición de manos, quedando en el olvido toda dificultad sensorial. Yo tengo problemas sensoriales en mis oídos. Acepté el reto de acercarme al padre Leonardo. Observé el éxtasis de la mayoría de los adeptos que seguían al pie de la letra al padre Leonardo. Curiosamente, los más fervorosos seguidores y más vociferantes en el grupo eran los denominados apóstoles, ellos eran los que elegían a las personas para su sanación, cuando pude acercarme a uno de ellos para solicitar su imposición de ese misterioso don de sanar, me negaron mi acceso. Yo, que tengo una auténtica deficiencia auditiva, que podía corroborar su gran virtud de sanador o intercesión divina, no aceptaron mi desafío. Su excusa era la misma para los que de verdad tenían enfermedades y defectos crónicos: «no tenéis fe».

Esto me demuestra la escasa humanidad del curandero, la escasa piedad por parte de las entidades celestiales que niegan sanar a los que no tienen fe y así ganar creyentes y seguidores de sus dogmas. Sólo un caso me ha quedado claro aquel domingo, sólo sanan los mismos, pues volví algunos domingos después y eran los mismos 'sanados' y elegidos, además con diferentes enfermedades; puro teatro y, con total seguridad, estafa.

La organización de este lamentable espectáculo está más cerca de una secta de captación económica que otra virtud de sanación. Lo único que me quedó claro de aquellas visitas, es la esperanza de muchas personas en los curanderos, que siguen buscando aquel milagroso ser humano que ponga fin a sus males cuando la ciencia no puede darlo.

La mayoría de los testimonios avalan con certificados posteriores su supuesta sanación, pero ninguno aporta más pruebas tras un periodo de tiempo, simplemente han desaparecido del entorno, nadie sabe nada de ellos, incluso han fallecido por dejar sus tratamientos.

Una de las prácticas más repetidas es bendecir el agua que se debe beber o dejar que haga contacto sobre el lugar donde el doliente sufra esa enfermedad u objetivo a sanar. El encargado de realizar el rito, normalmente uno de sus doce apóstoles pide quitar los tapones a las botellas y garrafas que llevan los fieles en su terreno denominado 'tierra santa' para que la supuesta mediación divina se haga efectiva y ese agua alberguе un don mágico de sanar. Es curioso, que mientras observaba a los fieles, la fe que depositaban y esperanzas que residían en sus peticiones incluso de personas que llegaban en sillas de ruedas, paralíticos, jóvenes con tetraplejía, funcionaba como un bálsamo de optimismo de sanación. Más llamativo era que ninguno de los presentes, la mayoría, conocían la vida de este peculiar sanador vestido de santero, imitando la imagen de Jesús.

Según su propia versión, pues nadie la conoce en realidad ni existe prueba alguna, nació en 1941 un pueblo de Albacete (Jorquera), en una comarca conocida como La Manchuela albaceteña; curiosamente un área muy popular en tradiciones curanderiles y de sanaciones de medicina popular. Al parecer él tiene el don de la gracia divina; según él estaba paralítico por segunda vez a los treinta años (la primera fue desde los tres años hasta los diecisiete, sin mediar nadie ni intervención médica):

«Una noche, mientras estaba tendido en la cama, pero aún despierto, vi venir hacia mí la virgen del pueblo. Me tocó y me dijo: ven todos los días y yo te curaré».

Este relato deja ciertas dudas, ya que no sabemos si se refiere a la Virgen de la Asunción, que está en el altar de la iglesia de Jorquera o se refiere a la Virgen de Cubas que recibe visita durante un mes la localidad antes de regresar a su santuario. Tampoco hay una descripción real de su enfermedad. Su historia continúa hasta 1986, cuando de repente se desmaya y se despierta con el espíritu de Jesús dentro de su cuerpo. A partir de ahí comienza su carrera hasta que llegó al El Rebollar, como peculiar divulgador de la palabra, videncia y supuestas sanaciones milagrosas, donde comenzó a gestarse su fama.

No hay duda de que muchas personas confiaron en él, hasta después de su muerte continúan llegando a 'tierra santa', aunque en menor número, a recordar en oraciones al padre Leonardo, un hombre sin estudios ni responsabilidades teológicas. Leonardo falleció en un accidente de tráfico en marzo de 2004, no sin otra polémica. Antes de este trágico desenlace, tuvo un serio problema del cual tuvo que huir de Ecuador durante una de sus evangelizaciones al fallecer una seguidora durante un acto. Lo que sí dejó es una gran herencia económica alrededor una sólida estructura pseudorreligiosa. No hay duda de que la dinámica humana, pone en marcha una catarsis colectiva que, en muchos casos pueden llegar a sanar.

No obstante, muchas enfermedades, incluyendo la ceguera (existen números casos de ceguera postraumática que se recuperan con tratamiento psiquiátrico), sordera y la parálisis pueden ser síntomas de un trauma psicológico e histeria, y estas pueden sanarlas con la mediación espiritual de la fe; sin embargo, cuando es una enfermedad genuina, como es mi caso, no lo consiguen. La neurosis histérica, conocida actualmente como trastorno somatomorfo o trastorno de conversión se manifiesta como desórdenes relacionados con la actividad motora o sensorial. Entonces... ¿han sanado de verdad esos numerosos testimonios que acudían al padre Leonardo? ¿o sólo era un trastorno traumático?

Alejándonos de lo más estricto del entorno espiritual, de la fe, una mujer valenciana también tuvo sus pacientes. No por designación divina, sino por dotes naturales de sanadora, incluso de inspiración en la brujería y llegó a tener cientos de visitas diarias en su lugar de encuentro; se trata de Natalia Capilla, una peculiar sanadora que destacó en Valencia allá por 1928.

Esta mujer tenía una mágica virtud de sanar. Sanaba, según crónicas de su época, sin recurrir a ningún tipo de medicina ni práctica médica.

Natalia Capilla era una mujer de mirada penetrante, vestida de riguroso luto y un cuerpo desnutrido, pero con una energía intensa en su voz y sus movimientos. Figura que me nos hace recordar a las famosas caspolinas, aquellas mujeres que realizaban extraños ritos de exorcismos y supuestas sanaciones en el santuario de la Balma (Zorita del Maestrazgo, Castellón).

Quizá provenga de esa escuela aragonesa, donde numerosas hechiceras, brujas e interesadas en el arte curanderil, se reunían en el conocido barranco de las brujas de Caspe, lugar que solía encontrarse junto a una supuesta tumba de una desconocida bruja, donde aplicaban manuales de aquelarres y conocimientos ancestrales.

Su pálido rostro imponía respeto, a su vez, confianza en su trato cuando una amable sonrisa aparecía en su rostro, dejando ver que era agraciada. Cuyos dones y virtudes procedían por la gracia divina.

Natalia Capilla no generaba simpatías en el Colegio Médico, ya fue denunciada por prácticas de intrusismo. Por citar un ejemplo:

«En Valencia, el subdelegado de Medicina ha denunciado a la curandera Natalia Capilla, que hace tiempo venía recibiendo en su clínica diariamente a unos ochocientos enfermos. El día de San Juan se presentó en la playa haciendo cruces sobre el agua que la gente recogía en cántaro. Por tal motivo ha recibido limosnas por valor de 5.000 pesetas. El juez le ha tomado declaración no habiendo adoptado aún ninguna resolución». (*Eco de Cartagena*, junio 1928).

Lo llamativo es que nunca se amilanó ante las autoridades y médicos; ella seguía sanando con sus virtudes y llegaban a reunirse en la capital valenciana miles de personas diarias en el desaparecido Huerto del Santísimo, donde ubicaba su lugar de consulta, su 'clínica' para imponer las manos sanadoras sobre aquellas personas que albergaban la esperanza de curarse y ofrecer agua bendecida por sus propias manos.

Si observan esos beneficios (5000 pesetas de la época), ningún médico de su tiempo, ni siquiera los mejores, llegan a recaudar ese dinero de forma diaria como hacía la curandera Natalia Capilla. Los jueces jamás vieron acto punible, ya que eran donativos. Además, la posición de la Iglesia era muy ambigua, ya que Natalia Capilla al bendecir al agua se supone que se convierte en bendita, gesto que era considerado como un desafío en toda regla a la Iglesia en cuanto al concepto de milagrería.

Es posible que su caza se haya debido a otras causas, no a las quejas por fraude por parte de los pacientes, pues según parece en los medios de su tiempo, sanaban o mejoraban de sus dolencias, pero nunca sabemos realmente que enfermedad o dolencia cargaban. La intensa persecución que se dio Natalia Capilla, quizá se debió a una noticia de su época: que una curandera de Bolaños (Ciudad Real), al parecer fue detenida por la muerte de un niño de apenas dos años, por friccionarle sosa caústica en su cuerpo; evidentemente, las quemaduras intensas provocadas por el producto químico en la piel, hicieron sufrir al inocente niño y fallecer unos pocos días después.

¿Se aprovechaba Natalia de la ignorancia y escasa cultura de los dolientes? Pues debemos indicar que, muchos pacientes, eran de alta sociedad y de buenos conceptos educativos y culturales…, esto es algo llamativo.

Finalmente pudo ser detenida a finales de junio, a causa de la insistencia del Colegio de Médicos y la presión de la Farmacia, siendo recluida en el hospital para un examen mental. En el momento de la detención habían cerca de 500 personas esperando la atención de la curandera. Es posible que su especialidad sea mitigar el dolor, el principio y el fin del curandero; seguramente pocas veces sanaba del todo.

Devoción, fe y confianza ciega en los curanderos en unas épocas oscuras en cuanto a la salud y medicina. No olvidemos que gran parte de la población, con especial atención a la región de Valencia, eran moriscos hasta 1609. Y conservaban muchas prácticas sanitarias más o menos decentes y 'profesionales'. Su expulsión y veto a muchas de sus prácticas y descomposición de la cultura islámica, provocó un vacío en atención médica, facilitando el auge de un mundo mágico y extraño de curanderos y sus ramificaciones de diversos tipos de sanadores.

Aun así, existen un cierto tipo de extraños humanos que tienen una sustancia mágica en su cuerpo; el ejemplo que deseamos relatar es el caso del valenciano Martín Redón Salvador que, allá por 1935, este minero de profesión vendía su sangre a una peseta el gramo extraído de su cuerpo. Este hombre, posiblemente se aprovechaba, en esos precisos momentos, de ser portero de la casa de salud de Camins del Grau (Valencia). Sangre que poseía unas virtudes sanadoras y servían para una transfusión desesperada.

No quisiera cerrar este capítulo sin mencionar el caso de La tía Enriqueta, quien nuestro confidente nos cuenta que hacía una doble acción de sanación en el pueblo de Terrateig. Hacía símbolos en diferentes partes del cuerpo, crucecitas en la cabeza , imponía las manos sobre los brazos, hombros y piernas o sobre la parte a tratar, pero también recetaba remedios naturales mediante hierbas de todo tipo; de este modo el confidente nos cuenta que con dieciséis años tuvo una depresión causada por el fallecimiento de un hermano menor y la sanadora le hacía una novena (se trata de un ejercicio de devoción que se practica durante nueve días para obtener alguna gracia o pedir por una determinada intención), haciéndole cruces en la cabeza y en la frente, rezos que no se entendían y le daba a tomar infusiones de 'rabo de gato' (típica hierba valenciana). También se dice que curaba la *aliaca*, palabra comúnmente utilizada en las zonas rurales valencianas para referirse a la hepatitis. La curación la llevaba a cabo echando unas gotas de una infusión de hierbas en el agua (el confidente no recuerda de qué planta se trataba). También nos contó que tenía poder para sanar a distancia, de tal manera que con llevarle un trozo de tela de la persona enferma, podía curarla.

También es interesante el testimonio de la madre del confidente, quien nos indica que cuando se encontraba mal, anímicamente o físicamente, recuerda que con siete u ocho años, acudían a un sanador de la ciudad de Alcoy llamado el *soldaet* (entre los años 50 y 60) y que era muy conocido en todas las comarcas centrales.

También recuerda que del pueblo de Barx, acudía hasta Terrateig, un hombre cargado con dos maletas llenas de hierbas secas para venderlas por el pueblo.

También era muy popular en la población de Terrateig el tío Diego, especialista en curar y sanar las patas de las cabras, ovejas y cualquier ganado que tuviera algún tipo de dolor.

Por último, me gustaría nombrar al tío Honorio (1860-1958), quien vivía en una casita o choza en la población de Pinet, en la zona denominada el *racó del cacahueros*, y allí recibía a todos aquellos que tenían algún tipo de dolencia física para, mediante plantas y hierbas, llevar a cabo la curación. Era habitual verle por la población de Alcira, donde bajaba a comprar. Interesante en este punto es el estudio que sobre tal personaje ha realizado el escritor Rafael Mahiques.

— 6 —
Saludadores

«El perro que te muerde, el pelo te guarece».

Refranero popular

Saludadores, del latín *salutator-oris*, es decir, dador de salud. Una peculiar profesión de la que se tiene conocimiento hasta la década de 1970 del pasado siglo. Según la Real Academia Española (RAE), la definición del saludador castiga a su imagen, no dando lugar a duda para la sociedad: «Embaucador que se dedica a curar o precaver la rabia u otros males con el aliento, saliva y ciertas deprecaciones y fórmulas dando a entender que tiene gracia y virtud para ella».

Una definición que sentencia en exceso la figura del saludador; si nos basamos en diversas crónicas de años anteriores, sí que sanaba a diversas personas, perros, rebaños enteros, caballos... sin embargo, entendemos que esas crónicas generan unas dudas sobre la credibilidad de esos dones. Pese a ello, vamos a acceder a su mágico mundo. Tan mágico, extraño y peculiar que podemos considerar su lucha contra la rabia con otro mal legendario: vampirismo. Vayamos por orden.

No hay una base, por el momento, de sus prácticas, ni un origen fidedigno de la figura del saludador, aunque fray Martín Castañeda ya los menciona en el capítulo XII de su obra publicada en el siglo XVI *Tratado de las supersticiones y hechicerías*. Aunque, posiblemente, su origen radique casi al mismo tiempo que surge una de las enfermedades más antiguas de la humanidad: la rabia.

Una enfermedad que llegó al ser humano a través de la zoonosis y no se disponía de remedio hasta que el ilustre doctor Louis Pasteur descubriera la vacuna antirrábica (la vacuna no se descubrió hasta el año 1885, siendo el niño Joseph Meister el primero en ser vacunado por el Dr. Pasteur).

Hasta ese momento, no se detuvo el miedo y la superstición que ha rodeado a esta enfermedad, que la incluimos dentro del mundo del vampirismo.

El infectado por la rabia experimenta ataques de terror, de depresión nerviosa, agresividad, alucinaciones visuales y auditivas, hidrofobia o miedo al agua, ya que no pueden tragar ni siquiera la saliva…, esto dura cerca de tres días, luego llega la parálisis y encefalitis hasta un infarto.

La mencionada agresividad señalada se basa muy a menudo en morder; es el medio que el virus necesita para seguir su propagación. Ser mordido por un animal o una persona infectada, era algo común en el pasado.

La figura del saludador es casi exclusiva del territorio español, no hay mucha constancia de esta profesión de curanderismo o hechicero por otras regiones de Europa.

Los orígenes de estos peculiares curanderos son humildes, en su mayoría, cuyos poderes de sanación no proceden de las enseñanzas de maestros superiores, sino que consideraban que sus virtudes recibidas eran sobrenaturales, unos poderes concedidos por la gracia divina. Supuestamente, esos orígenes de poderes curativos nacieron en una santa: Santa Quiteria.

De ahí procede una de las virtudes de los saludadores, ser familiar de esta santa cristiana, aunque su demostración genealógica es muy dudosa, por no decir ninguna credibilidad.

Santa Quiteria era conocida como la santa que protege contra la rabia. Se le atribuye el milagro de sanar porque los perros se calmaban ante la presencia de esta santa. Una mártir que fue decapitada, cuyos atributos son su propia cabeza sobre una bandeja o un corte profundo en el cuello, además de acompañarle uno o dos perros.

Dejando la complicada utopía de ser pariente de santa Quiteria, incluso de santa Catalina, los saludadores debían poseer unas virtudes mágicas; un humano 'normal' carecía de esas características para su conjunto de normas para la práctica de la profesión.

A pesar de su fama de embaucadores, farsantes y pocos resultados positivos, la gente acudía y confiaba en ellos. Gozaban de esa estima, porque la medicina de aquellos tiempos, en su momento, no aportaba soluciones ante la hidrofobia (así se le denomina también a la enfermedad de la rabia), considerada como una enfermedad relacionada con el diablo, además de vincularla con el mundo de los vampiros. Esta superstición sobre esta enfermedad, ha estado muy vigente; con la vacuna llega el fin de esta práctica mágica de inspiración divina.

El oficio de saludador estaba muy vigilado, denunciado a menudo, y perseguido hasta bien entrado el siglo xx, que se erradicó casi por completo la figura del saludador; pero ¿qué normas existían para ello y cómo actuaban ante las infecciones?

Para ser saludador había que superar unos requisitos; sin embargo, no sabemos si se comprobaban si eran ciertos los datos que mostraban, ya que justificaban su fecha de nacimiento en partidas natalicias falsas. Documento fácilmente asequible para el saludador, pues los primeros que se conocen eran clérigos, cuyos accesos a iglesias y escritorios era sencillo, así como cualquier tarea administrativa estaba más a su alcance.

Las condiciones varían según la provincia, cada zona tiene un día mágico para tener esa estrella de saludador; por ejemplo, debía acreditar que nació a las 24 h de la noche del 24 de diciembre, es decir, en lo que se conoce popularmente como Nochebuena, o nacer en Jueves Santo en la zona alicantina. Mientras en Murcia se inclinan normalmente al día de Viernes Santo.

Esta primera virtud de índole natalicio que, en su ignorancia, era aceptada y creída por toda la población medieval, la gracia divina que le concedía al nacer. Tan aceptada era su gracia sanadora que llegaban personajes procedentes de tierras cántabras al litoral valenciano para sanarse de las mordeduras de lobo.

Otra causa era haber llorado, al menos tres veces, dentro del vientre materno; incluso poder ser saludador es hereditario, lógicamente, lo contrario sería romper con la descendencia santa.

Como sucede en las fechas, existen diversas tradiciones para referenciar a un saludador, la lengua debe estar marcada con una cruz, incluso en manos, pecho o pies. O una peculiar marca en la bóveda del paladar, conocida como 'rueda de santa Catalina', como habrá adivinado, es una traza similar a la rueda que martirizó a esta última santa.

La proliferación de saludadores en gran parte del territorio español, especialmente las zonas del Norte y región del Mediterráneo, hizo que surgiera una entidad que examinara a estos misteriosos sanadores, ya que necesitaban una licencia al margen de esas características mágicas mencionadas. El motivo: había demasiados. Muchos cobraban por parte de las iglesias y ayuntamientos para ejercer de saludador y, comenzaban a dudar en las fechas natalicias que solían ventilar; no era creíble que hubiera tanto nacimiento en fechas tan marcadas y que superasen las pruebas.

De esos examinadores tenemos la prueba en Valencia que, durante el siglo xvi-xvii, se aplicaban unas rigurosas pruebas, que podían ser sólo una o varias a la vez. Estos examinadores fueron ampliando su presencia en gran parte de España; por citar un ejemplo en Oviedo por el obispo Álvarez de Caldas en 1608:«Mandamos que los saludadores sean examinados y no les admita ninguna cura o concejo sin nuestra licencia o nuestro previsor, so pena de excomunión o de mil maravedís». (Constituciones sinodales del obispado de Oviedo, 1608).

Se les podía exigir curar a los perros de la rabia en presencia de un examinador, apagar un trozo de hierro o plata candente, incluso tener que meter la mano o beber aceite hirviendo. Esta última prueba, complicada y seguramente dolorosa, se solicitaba al saludador porque tenían la virtud al nacer de una inmunidad frente al calor o fuego. Podemos mencionar una cita de Resurrección María de Azkue, en la aldea guipuzcoana de Albíztur: «... un saludador hirvió un cuenco de aceite y se lo puso en la boca sin quemarse, para arrojárselo sobre un rebaño de ovejas y les curó la rabia...» (*Euskalerriaren Yakintza*, una recolección de la sabiduría popular del país vasco, 1935-1947).

Tras superar algunas de las 'exigentes' solicitudes, debían prestar juramento los saludadores ante las autoridades.

El saludador tenía la virtud, fundamentalmente, de sanar la rabia tanto en humanos como animales domésticos y de ganadería a través de la saliva y el aliento, incluyendo algunas oraciones para reforzar el rito. La boca era la parte de su cuerpo donde residían sus poderes.

La videncia e intuición también formaba parte del rito, al parecer con su mirada, podía ver quien era bruja o realizaba actos impuros divisando los ojos frente a frente. Otro de sus ritos de videncia era mirar a través de un vaso con agua. Cuando mira a través del vaso, dice que se le aparece el perro que ocasionó la mordedura al infectado, incluso da datos del color del pelo, tamaño y otros rasgos del can.

A menudo, el saludador, solía colocar sobre la mordedura de animal, el tipo de pelo de la especie, junto a una buena dosis de saliva que impregnaba la herida, y recitaba después unas extrañas oraciones que pocos lograban escuchar o entender. Posiblemente sean algunas frases o locuciones en latín, recordemos que la mayoría eran procedentes de las iglesias y monasterios, posteriormente surgieron otros ajenos a la misma.

Tan vinculados estaban a la iglesia, que tras su correspondiente rito de sanación, ordenaban a muchos pacientes dar tres vueltas al edificio de la iglesia o al monasterio, si lo hubiere. Incluso, con más frecuencia en la regiones gallegas y zona cantábrica, se aplicaban llaves candentes en la frente de una persona mordida por un perro rabioso. Estas llaves, a menudo, eran las que abrían determinadas puertas de iglesias y ermitas.

Respecto a los animales de granja o domésticos, su tratamiento se basaba en lanzar el aliento al rostro del animal, frotarle saliva en la frente, con ello aseguraban que se sanaban de su infección, sea cual sea su incidencia.

Tenían el recurso de un hierro al rojo vivo, con una cruz al extremo o con la imagen de santa Quiteria, que era aplicado a los ganados y perros en sus frentes después de verter agua bendita, este elemento al rojo vivo se llamaba *risma*. Esta práctica dolorosa también se ha llegado a realizar sobre las personas, incluso en 1973, en la localidad navarra de Azuelo, según el sacristán de aquellos momentos, él mismo aplicó la *risma* a dos jóvenes en sus brazos (*Los saludadores* Antxón Aguirre. Cuadernos de etnología y etnografía de Navarra 1990)

Al margen de su aliento, saliva y elementos al rojo vivo, los saludadores tenían una 'santísima trinidad' en su instrucción de sanaciones: ajo, aceite y pan.

Tres productos fundamentales para la contención de la enfermedad; de sobra es conocida las virtudes antibióticas del ajo, que los sanadores aplicaban en unas láminas cortadas, o pasta de ajo mordida y ensalivada, sobre la herida del paciente. O bien, en una sartén hervía una buena dosis de aceite, metía los dedos e impregnaba la herida del paciente, podía añadirle pelo de perro, evidentemente, el saludador no se quemaba, el paciente notaba el ardor y quemazón. Luego soplaba su aliento y entregaba un trozo de pan al paciente, un pan que no era uno cualquiera sino algo místico y ritual, como el propio ajo; curiosamente el ajo era un arma empleada contra el vampirismo, como el pan, en este caso representado en la hostia consagrada.

Los ajos debían ser plantados por fechas navideñas y debían ser recolectados en la noche más mágica y marcada como una de las fechas más importantes de la brujería y magia negra, la Noche de San Juan. Mientras el pan, debía ser el utilizado y amasado especialmente para la noche del 24 de diciembre. A este pan, antes de cortarlo, se debía marcar una cruz y se guardaba un trozo para aplicarlo en sus ritos, un pan popularmente conocido en ciertas zonas como 'pan del saludador'.

Otro elemento cotidiano, muy usado en regiones como Extremadura, era la popular 'piedra culebrera', típica piedra fluvial, que son muy efectivas llevando una de ellas en el zurrón o bolsillo, incluso colocando la misma sobre la mordedura, no solo de perros, sino de culebras, de ahí su nombre.

El origen de estos personajes es posible que sea causado por la expansión de la rabia en occidente y el temor que aún perduraba ante miedo por otra epidemia que causó estragos en todo el país, la peste.

No era exclusivo de hombres, existen diversos aportes que muchas mujeres realizaban las mismas prácticas; en la localidad valenciana de Enguera se cita a Josefa Medina como saludadora en 1631 o Catalina de Cardona que estuvo al servicio de Felipe II, que tuvo que vestirse de hombre para disimular su feminidad con el hábito de la orden de los Carmelitas Descalzos.

Los últimos saludadores ya no tenían prácticamente vínculo con la Iglesia, ya que comenzaron a multiplicarse e inspirarse en esta práctica para embaucar y engañar. Una de las causas era el salario, muchas localidades tenían su propio saludador y esto hizo que surgieran personajes variopintos que presumían de serlo, de superar toda prueba, de ser tocados por la gracia divina para hacerse con un buen puesto. El prototipo de saludador comienza a cambiarse, siendo un ermitaño, una persona tullida o enferma, incluso era un vendedor ambulante.

No era mal pagada la profesión, además en muchas ocasiones debían ofrecerle casa y hospedaje mientras esté vigente el trato con la localidad. Por citar ciertos ejemplos de archivos y datos, en el año 1550, en la castellonense localidad de Vila-real, se pagaron por cuatro días de trabajo a un saludador unos 1022 maravedís, casualmente en una ciudad mencionada, en Enguera, a otro saludador en 1621, le pagaron cuatro libras anuales por ser saludador oficial de la villa. Ese personaje es posible que sea familiar de la mencionada mujer saludadora, Josefa Medina, cuyo beneficiado por su labor era Alfonso Medina. Para tener una idea del valor de los pagos, un real equivale a 34 maravedís. Un carpintero o albañil de aquellos tiempos podía cobrar unos 5 reales al día.

Hasta los últimos tiempos han resistido como una reducida legión en busca del ingenuo; el saludador ya no tenía el respeto que antaño le profesaba gran parte del mundo rural. La Iglesia, apoyada en el Tribunal de la Santa Fe, trató de parar sus actividades, sin éxito, pues en sus salmos y acciones no invocaban huestes del demonio; podemos citar que hasta Carlos III reunió varios de ellos para realizar diversos exorcismos.

Se convirtieron en una banda de holgazanes y estafadores que sólo buscaban el lucro a costa de aquellas personas que aún se aferraban a la superstición y vencían sus mentes a los avances médicos modernos y confiaban más en los saludadores y curanderos rurales, con sus toscos ritos y pompas, que engañaban con su teatro al enfermo. Muchos fallecían de la rabia, a pesar de llamar y confiar sus esperanzas a estos 'tocados por la gracia de divina', su veredicto era que no siguieron sus consejos ni tenían fe en sus remedios.

En junio de 1887, el periódico *La Iberia* incluyó un sugerente anuncio de la llegada de un saludador a Valencia que dice así: «Ha llegado a esta capital el saludador de primera clase de la nación española, para saludar toda clase de personas, ganados, fieras y animales de todas clases, tercianas, tumores y llagas, males de vientre, estómago, callos por viejos que sean y toda clase de mordeduras de perros rabiosos, gatos y do toda clase de fieras. Dicho señor ruega pasen por esta su casa, que con saliva y paladar de este señor, serán curadas. Horas de visita, de ocho a doce de la mañana, y de tres a seis do la tarde».

Sin embargo, meses más tarde, el mismo medio de prensa denunciaba la presencia de este timador en las calles de Valencia: «… solicita que no embauque a más tontos...» (*La Iberia*, 16 abril 1888). Las últimas huellas de estas prácticas datan de 1960-1970, en las zonas de la comunidad valenciana, como Xixona, Dos Aguas, Burjassot y ciertas áreas de Murcia... por esos tiempos se pierden en la densa niebla del misterio, con sus secretos de sanación, de gestos, con unas recetas de farmacopea algo repugnantes. Sin embargo, siempre nos quedarán muchas dudas, ¿sanaban inicialmente? ¿tenían esa virtud divina? O finalmente, ¿eran unos verdaderos estafadores?

Debemos darle la razón a gran antropólogo y ensayista del folclore nacional, Julio Caro Baroja, cuando cita lo siguiente: «La creencia en maleficios y en el poder de curanderas, saludadoras, etc., sigue, por otra parte, arraigada en la masa aldeana más de lo que a primera vista parece». (*Los pueblos de España*, 1946).

Pero ojo, algo de divino tiene esta profesión. Hasta Jesús era el gran saludador. «Allí le llevaron a Jesús un hombre sordo y tartamudo, y le rogaron que pusiera las manos sobre él para sanarlo. Jesús tomó al hombre y lo llevó aparte, lejos de la gente. Luego puso sus dedos en los oídos del hombre y le puso saliva en la lengua. Después miró al cielo, suspiró y dijo: '¡efatá!', palabra que significa '¡ábrete!'» (Marcos 7:33).

— 7 —
Las acabadoras o acabadores

«... no lo sabía, pero la anciana la observaba sobre
todo de noche, en esas noches corrientes sin ningún
pecado al que culpar de estar despierto...».

La acabadora (Michela Murgia*)*

La eutanasia sigue siendo en la actualidad un tema que genera diferentes controversias ideológicas, religiosas y éticas sobre la última decisión del devenir humano, es decir se confrontan dos posturas antagónicas como es la libertad individual de quien, por decisión propia, decide poner fin a su existencia porque su esperanza de vivir, en condiciones dignas, es nula o prácticamente inexistente, y por otro lado, el derecho universal a la vida.

Lo bien cierto es que sólo cada uno de nosotros estamos legitimados para decidir sobre nuestra propia vida. Sin embargo, en épocas anteriores y no tan lejanas, la facilidad para poner fin y 'acabar' con la vida de las personas moribundas, sin cura o que podían ser un peligro para el resto de los integrantes de una familia (por ejemplo por padecer algún tipo de enfermedad contagiosa como la rabia) era respetado e incluso considerado como un acto piadoso con la familia. Lo más llamativo es que esa forma digna de terminar con la vida era tolerada por la sociedad y de hecho se solicitaba dicho auxilio para que el tormento de la persona moribunda pronto llegará a su fin. Me estoy refiriendo a la figura de las acabadoras o acabadores, personas que existieron históricamente y cuyo fin era participar en una ceremonia funeraria, siguiendo un rito propio, para terminar con la vida de alguien que estaba agonizando y no tenía ninguna esperanza de vivir o que, siendo lozano, saludable y joven, había sido objeto de algún mordisco de perro, rata o cualquier animalejo que hubiera sido contagiado de rabia o peste, y que la familia no podía permitir que dicho contagio se extendiera no solo dentro de la propia familia, lo que ponía en peligro la subsistencia de todos los miembros, sino que tampoco podía propagarse por el resto de la aldea o población porque se estigmatizaba a la familia, quedando señalada para siempre como cómplice de prácticas demoníacas. Enfermedades como la rabia, los espasmos, la epilepsia o ataques neurológicos eran consideradas como posesiones demoníacas siendo un castigo divino que provocaban el rechazo de la sociedad.

Acabadora, ilustración de Miguel Zorita para este libro.

Pero, ¿cuál es el origen? ¿Cómo procedían? ¿Qué rito funerario seguían para dar muerte? ¿Era aceptado por la Iglesia? Lo cierto es que numerosas preguntas nos vienen a la mente cuando tratamos un acto, que hasta el siglo pasado se seguía practicando en España, y quién sabe si aún hoy, en alguna aldea recóndita de nuestra península, la figura de la acabadora todavía hace acto de presencia para prestar una muerte 'digna'.

El origen de la figura de las acabadoras lo encontramos en la isla de Cerdeña, denominada S'Agabbadora, el ángel de la buena muerte. Se trataba de una mujer que acudía por la noche, a las aldeas de la isla, para administrar la muerte a aquellos que así lo demandaban. Vestía de negro y sobre la cara un pequeño sayo que únicamente le dejaba los ojos libres, semblante seco y plomizo, apoyada en una vara o cayado que utilizaba como mazo o martillo para dar muerte. Así se presentaban y de esta forma actuaron hasta mediados del siglo XX. Era habitual tapar todos los crucifijos e imágenes religiosas de la vivienda puesto que se entendía que el único que podía dar y quitar la vida era Dios, no pudiendo estar presente ningún símbolo ni icono religioso, quitando todo tipo de elemento de protección divina. La forma de proceder en Cerdeña consistía en colocar una madera en forma de yugo debajo de la cabeza del agonizante, y con el mazo que ellas llevaban, lo desnucaban, golpeando con el mazo sobre la cabeza, y esta sobre el yugo. Aún hoy, en la misa de Jueves Santo, los hombres tallan una madera pequeña, con forma de yugo, que colocan debajo de la almohada del moribundo para que le ayude y le acompañe en sus últimos estertores de vida. Era un oficio por el que no se cobraba, como mucho la familia dejaba algunas monedas en la entrada de la vivienda como contraprestación por sus servicios. Lo curioso es que su verdadero trabajo era el de comadronas, por tanto daban y quitaban la vida por igual, y muchos niños que ella ayudaba a alumbrar también del mismo modo, les daba muerte.

Evidentemente, cuando se producía algún caso susceptible de ser visto por una acabadora, se ponía en conocimiento del cura o párroco del lugar y este avisaba a aquellas personas, que bajo el beneplácito de la Iglesia, podían acudir al lugar para proceder con sus prácticas. Para la Iglesia, estas personas actuaban sin ningún tipo de influjo demoníaco ni pacto diabólico, por tanto no consideró que existiera ninguna práctica herética en sus actuaciones, sino que procedían de una forma piadosa.

De esta forma, la acabadora llegaba a la vivienda y lo primero que comprobaba era si la persona se encontraba en gracia. ¿Qué se entiende por estar en gracia? Es lo que en la actualidad podríamos considerar como tener el yo espiritual elevado, es decir tener toda su energía y poder en lo más alto y que se encuentra libre de todo pecado. Desde el punto de vita católico, es tener presente una realidad espiritual de estar libre de todo pecado, es un don y un regalo de Dios. Es estar libre del demonio, y por tanto este no puede sostenerse en el alma de la persona sobre la que se va a actuar. Para demostrar que dicha persona estaba en gracia, la acabadora ordenaba a la familia que hiciera una hoguera con sarmientos, normalmente en la puerta de entrada de la casa, ya que de esta forma el resto de la gente era consciente y conocedora que en dicho hogar se estaba procediendo al rito ceremonial y que por tanto pronto iba a quedar limpia la vivienda de cualquier amenaza diabólica. Los sarmientos consistían en un puñado de ramas de la cepa de la vid, de donde brotan las hojas, los cuales se anudaban con un hilo de pita. A estas ramas, la acabadora escupía con fuerza con el fin de ver si el fuego se apagaba o bien cogía más fuerza y provocaba más llama; según el resultado del escupitajo la acabadora decidía continuar o bien se retiraba. Para ello era necesario que al escupir, el fuego se apagará totalmente, ya que ello suponía que podía comenzar el rito, si no se apagaba entonces entendía que no era el momento y se marchaba.

Es muy interesante lo que indican los autores Jordán Montés y González Blanco, siguiendo lo que también comenta J.G. Frazer en su obra *La rama dorada*, sobre el acto de escupir, siendo muy frecuente en las prácticas chamánicas de curación, y si seguimos las orientaciones de Frazer, habría que pensar en una expulsión de demonios u otras potencias negativas que pudieran mermar las fuerzas del acabador o *salutaor* (como lo nombra el autor) en tan peligroso como arriesgado trance. Del mismo modo como Jesús escupe en tierra su saliva y la mezcla con barro para sanar a un ciego, igualmente el *salutaor* escupe en el fuego para comprobar su poder y verificar que el espacio en el que se va a realizar el rito está libre de presencias no deseadas que pudieran, quizás, adherirse al alma del niño, en tránsito hacia el cielo, cuando sea muerto para aliviar su agonía. El escupir sigue siendo un rito que, aún hoy, se sigue practicando para limpiar el alma; como por ejemplo la práctica ritual que se realiza en

Chiapas, basada en la tradición maya-tzotzil, donde la curandera escupe al paciente para limpiar su cuerpo.

Una vez se ha apagado el fuego, el oficiante entra en la habitación donde se encuentra la persona sobre la que se va a proceder, rogando que todos los presentes permanezcan en el exterior de la misma. Transcurridos unos instantes, el acabador salía del habitáculo y, con pesar, pero sin mostrar signos de arrepentimiento, puesto que es su trabajo y como tal debe ejercerlo (en esto se asemeja al verdugo que tiene que ejecutar a una víctima) comunica a los familiares que la persona o el niño ya «está descansando y está en las manos de Dios». Como he indicado anteriormente, esta labor se veía con gratitud y generosidad siendo recibida como un acto piadoso, de aceptación de las limitaciones del difunto.

No solo tenemos la saliva como elemento del ritual, sino que junto a ella es necesario hacer referencia al fuego, símbolo purificador y espanto de malos espíritus. Como afirma el escritor Robert Hertz, en su libro *La muerte y la mano derecha*, el fuego alejaría toda presencia maligna o dañina de los espíritus demoníacos o incluso del alma que ha sido violenta y, de manera sorpresiva, desposeída y arrancada de su cuerpo por el acabador o *salutaor*. Es por ello que el fuego siempre ha actuado en todo tipo de rituales o ceremonias; cabe recordar cómo, durante la persecución brujeril de los siglos XVI-XVII, la hoguera era la condena más antidemoníaca que se podía imponer frente a todas aquellas mujeres sobre las que la Iglesia consideró que cometían atrocidades, pactos demoníacos y aquelarres carnívoros sin ningún tipo de prueba ni documentación que lo sostuvieran.

Las acabadoras actuaron por toda la península si bien fueron predominantes por el levante mediterráneo, así podemos encontrar casos en Calasparra, Murcia, Lorca, Valencia, Oliva, Gandía, y muchas poblaciones más. El procedimiento de actuación era muy similar al descrito anteriormente con algunas variaciones como el rezo de alguna oración, untar la saliva en el lugar de la herida en caso de un mordisco de rabia para ver si mejoraba de la enfermedad y en caso contrario, finalmente darle el homicidio de caridad, o escupir en un vaso de agua y hacer friegas por el cuerpo. A lo largo de los años, y ya en pleno siglo XXI, difícilmente podemos encontrar prácticas como estas.

En cualquier caso, estamos ante un homicidio de gracia, de caridad o de piedad. Mi pretensión en este trabajo es el estudio objetivo de estas prácticas sin entrar en disquisiciones morales e ideológicas sobre la conveniencia o no de la terminología utilizada para denominarlas, y como tal lo debemos plantear. No podemos juzgar el pasado con la mentalidad de hoy en día.

Por todo ello, la actividad de las acabadoras evitaba el sufrimiento del enfermo y dignificaban a la familia, predominantemente en el mundo rural. Pero no solo existían en España, también en la América Latina existía esta figura, denominados como penadores o penadoras, que se dedicaban a practicar las muertes por piedad, corriéndose un tupido velo, ya que era el mecanismo para que donde había dolor este desapareciera y que la vida comenzara de nuevo; con la muerte digna del enfermo, la enfermedad y la vergüenza habían desaparecido y podían volver a la normalidad, ya que eran considerados como apestados o endemoniados, siendo muchos de ellos encerrados en las casas. Tener un hijo con tales deformaciones era mal visto por la sociedad, no pudiendo gozar de ninguna libertad ni convivir entre sus iguales.

Hay que tener en cuenta que, en siglos pasados, no había teléfono, ni energía eléctrica, ni agua potable, ni sanidad, ni prensa, proliferaban hambrunas o las cosechas eran pésimas, lo que provocaba que el nacimiento de un niño con espasmos o malformaciones fuera insufrible para la familia y ponía en peligro la estabilidad social, económica y mental de toda ella. Hasta tal punto se estigmatizaba, que incluso se aconsejaba a aquellas mujeres que estaban embarazadas que salieran de la vivienda o de la habitación, donde se encontraba el enfermo o agonizaba un familiar, para evitar que su futuro vástago quedara hechizado o dañado por ello…, supersticiones que estuvieron vivas durante mucho tiempo.

El acabador o acabadora realizaba un rito de purificación, actuando como un mero exorcista, donde por medio de la saliva, el agua bendita y la quema de sarmientos, provocaba que se expulsara del cuerpo el mal demonio, origen de muchas de esas enfermedades, ya fuera paludismo, epilepsia o rabia. Hay que tener en cuenta, que no se les considera como un criminal sino que los vecinos lo veían como un verdugo al que se le demandaba un servicio cumpliendo una misión sanitaria en beneficio de la comunidad; se consideraba una forma de piedad popular ante una desgracia considerada irremediable. En la mayoría de los casos, el acabador coincidía en la figura del sanador o saludador quien previamente, y sin llegar al extremo de la muerte del afectado, intentaba sanar al enfermo por otros medios, lógicamente si este paso previo no daba resultado, se recurría al acabador.

Evidentemente la Iglesia se servía de la ignorancia de la población rural de la época para infundir el miedo y considerar que tales enfermedades eran provocadas por el diablo y que era necesario erradicarlas, por las buenas o por las malas. De hecho, en la Edad Media, los monjes consideraban que la enfermedad era inoculada por el mismísimo diablo e incluso en el Nuevo Testamento también se hace referencia a los endemoniados como personas que expulsan espumarajos por la boca, y que lo más probable es que fueran enfermos de epilepsia. La Iglesia era consciente de la existencia de los acabadores y acabadoras, pero nunca hubo una denuncia contra este tipo de personas, ya que recordemos que no eran ellos los que acudían por propia voluntad, sino que era la propia familia implicada quien los llamaba por lo que todo quedaba en silencio y encerrado en la vivienda con la complicidad de aquella.

Vamos a detenernos ahora para mencionar diferentes casos de acabadores y acabadoras que se dieron en nuestra península ibérica sirviéndome para ello de un magnífico estudio realizado por Jordán Montés y González Blanco, denominado *Eutanasia infantil en el mundo rural de la España preindustrial*. Según los citados autores, en Calasparra (Murcia) se sabía de la existencia de estos sanadores cuyo ritual era encender el fuego del hogar y solicitar agua bendita. El acabador la bebía o la recogía en su mano, y entonces la escupía o asperjaba en las llamas (aunque no se cita, entiendo que el fuego también lo realizaban con sarmientos). Con el agua hacía también unas friegas por todo el cuerpo de la criatura a la que se le facilitaría el tránsito hacia la otra vida. Luego despedía a los familiares y procedía al homicidio de caridad. Previamente rezaba un padrenuestro y una salve, como oraciones profilácticas, y añadía la siguiente estrofa:

«Virgen Santa,
Madre del Señor,
te devuelvo a este niño,
acógelo en tu corazón».

Lo más inquietante de esta práctica, citando a los propios autores, es que se hacía para los bebes que se hallaban en fase terminal de diferentes enfermedades tales como viruela, fiebre amarilla o cólera. Pero también el homicidio de caridad se practicaba sobre toda criatura que hubiera nacido con malformaciones físicas.

Manuel Pagán Lorente cuenta un caso muy interesante en donde los habitantes de Librilla podían llamar a dos acabadores: uno que residía en Cartagena y otro en La Mancha. Cuando se quedaban a solas con el enfermo, se le escupía directamente en las heridas mientras se recitaba una oración.

Nuevamente tenemos el ejemplo de la connotación demoníaca que supone nacer con defectos genéticos visibles para ser objeto de un homicidio piadoso. Evidentemente el descubrimiento de las vacunas, la mayor industrialización de las zonas rurales, una mejor y mayor educación, y una optimización de las infraestructuras hizo que estas creencias fueran desapareciendo, aunque estuvieron presentes hasta bien entrado el siglo xx. Ni que decir tiene la situación que se vivía en Las Hurdes, en la provincia de Extremadura. No quisiera detenerme mucho pero es imprescindible hacer una pequeña referencia a esta zona de nuestra España rural, ya que hasta principios del siglo xx era una auténtica desconocida para el resto del territorio español. Era una tierra que se encontraba en una trágica situación de miseria y retraso, en estado poco menos que salvaje y así es como se la encontró el rey en su visita en el año 1922. En aquella época, las alquerías de Martinandrán, Fragosa y Gasco habían perdido esa vaga relación con la humanidad civilizada que pudieron mantener algunas otras aldeas hurdanas. Era una tierra abrupta y remota, cuyos habitantes vivían tan separados del resto de los hombres como cualquier tribu salvaje encerrada en un islote de Oceanía. La mayoría de sus habitantes no tenían ni figura humana, algunos esqueléticos, andrajosos, asustadizos. La miseria que reinaba en la zona era inhumana, con rostros amarillentos y famélicos, casi todos ellos enfermos de bocio, lo que tenía como consecuencias la degeneración física y mental. Muchos de sus habitantes eran cretinos, idiotas y enanos. Pero hasta aquí no llegaron los acabadores y acabadoras, simplemente les dejaban morir sin auxilio ni cura ni ayuda. Es una parte de nuestra historia y merece ser contada pero no es objeto de este trabajo, aunque creo que es necesario nombrarlos en un capítulo donde tratamos del homicidio piadoso y la muerte digna.

Continuando con los autores citados, y después de este pequeño paréntesis, otra localidad donde también acudieron los acabadores es Librilla. Según citan los autores Jordán Montés y González Blanco, los habitantes de Librilla solían llamar a dos saludadores de reconocido prestigio, quienes untaban con saliva la herida abierta en el cuerpo de la criatura o persona mayor, en una evidente *imitatio Christi,* a la vez que recitaban una oración. Si con esta primera sesión el niño no mejoraba, se procedía a la contundencia del homicidio de caridad. Entonces escupía en un vaso de agua, con lo que trasladaba las potencialidades benéficas de su saliva al líquido y luego hacía friegas por todo el cuerpo del agonizante y ejecutaba su misión. La muerte de los niños y niñas, en todos los casos, fue por asfixia, nunca por golpes o de forma sangrienta y siempre en situaciones terminales.

También en Gandía (Valencia) se dio un caso de acabadora a un niño de temprana edad, quien había sido mordido por un perro, contrayendo la enfermedad rábica; lo particular de este caso es que la forma de terminar con la vida del menor fue más sangrienta ya que le pegaron un par de tiros con una escopeta. A todos nos viene el dicho conocido de «muerto el perro se acabó la rabia», haciendo extensible el mismo a todas aquellas personas que eran objeto de la citada enfermedad.

Existían diferentes modalidades de acabar con la vida del enfermo, o del engendro, como se le llamaba en algunas zonas a aquellas personas que nacían con ciertas deformidades físicas o psíquicas, y que hacían imposible su contribución y ayuda al mantenimiento de la familia.

Lo más habitual era la asfixia, para lo cual solía emplearse una almohada colocándose encima de la cara del enfermo o bien el estrangulamiento, oprimiendo las vías respiratorias hasta que dejara de respirar. Otro método era la utilización de la maza, la cual era un pequeño martillo, en forma de T, teniendo un extremo forma triangular y el otro extremo forma rectangular, de forma que con un golpe seco y certero en la nuca, se pudiera poner fin a la vida de la persona. También era habitual el empleo de armas de fuego, como hemos visto en el caso anterior de Gandía, aunque se debía tener cierta pericia en el empleo de las mismas, ya que la finalidad era que el enfermo no sufriera, por ello se descerrajaba un tiro en la sien a corta distancia y de forma precisa. Aunque menos habitual pero no por ello menos efectivo, también se empleó el veneno. Normalmente, este tipo de brebajes eran elaborados por el propio acabador mediante el empleo de hierbas alucinógenas, que en dosis altas, provocaban la muerte. Por ejemplo se utilizaba la cicuta, mandrágora, estramonio, etc. ¿A que le suenan al lector el nombre de todo este tipo de plantas? Efectivamente, a la brujería y a su empleo para lograr, mediante ungüentos, sus vuelos brujeriles. Es por ello por lo que los acabadores actuaban en secreto, puesto que de hacerlo públicamente, en algunas ocasiones, se les podría haber relacionado con la brujería, por tanto debían actuar con la máxima cautela, siempre bajo la mirada de la Inquisición, pues la sombra de lo sobrenatural y la brujería estaban siempre presentes.

A modo de resumen, y en conclusión, lo cierto es que las acabadoras fueron personajes históricos que existieron realmente, cuya actividad la ejercieron predominantemente en el mundo rural gozando del beneplácito de la Iglesia y la justicia puesto que no era condenable ni perseguible, y que de una forma piadosa ponían fin a la vida del enfermo como un acto de caridad, y en algunas ocasiones, debido a la ignorancia y poca formación de la población, como medida para que el diablo abandonara el cuerpo del enfermo y este descansara en paz.

— 8 —
Los fossores

«Hasta muertos y enterrados no seréis alabados».

Refranero popular

Uno de los oficios que han perdurado hasta nuestros días es el de los *fossores* aunque más que un trabajo se puede considerar como un trato devocional con las personas fallecidas. Son por tanto quienes van a mantener la paz, el descanso y el acompañamiento de los difuntos sin familia ni amigos que les recuerden por aquello que fueron en vida; y es que el recordar es volver a vivir, a sentir, a regresar al corazón y, cuando perdemos el recuerdo de alguien, es como si nunca hubiera existido. Recordar es volver a evocar momentos y situaciones, y nuestros fallecidos merecen al menos que alguien los recuerde y los *fossores* dedican parte de su tiempo en acicalar su tumba, mantener con vida su presencia, rezar oraciones por sus almas, cuidar y velar por ellos; son clérigos que tienen funciones de enterrador o sepulturero.

Etimológicamente, la palabra viene de *fodere* que significa cavar. Ha sido un oficio con un arraigo antiquísimo, de hecho ya en los primeros siglos del cristianismo más incipiente, aparece la figura de los *fossores,* si bien hasta prácticamente mediados del siglo v, se les consideraba como los que se encargaban de construir las catacumbas y preparar las sepulturas. Sin embargo, hay que tener en cuenta que no únicamente estaban presentes los *fossores* en las catacumbas, como siempre se ha creído, sino que existían otra serie de funcionarios que tenían otros cargos como excavar las rocas, pulverizarlas y arrastrarlas fuera, otros en preparar los cadáveres y trasladarlos desde su lugar de fallecimiento hasta los cementerios de los arrabales, otros de colocarlos en los nichos o en los huecos y grabar, escribir o pintar los epitafios. Por tanto, existía una plena organización en la realización de las diferentes tareas preparatorias del sepelio. De hecho, en época del emperador Constantino, se les asignaba a los *fossores* sus propias habitaciones repartidas por diferentes barrios de la ciudad de Roma. Estas habitaciones es lo que, hoy en día, consideraríamos como oficinas de trabajo y siempre bajo la supervisión y control por parte de obispos y sacerdotes.

Como se ha indicado, tenían la consideración de funcionarios y como tales, tenían un lugar privilegiado a la hora de celebrar su funeral, e incluso hoy en día se han descubierto en cementerios romanos, lápidas marmóreas de algunos de estos miembros. Era habitual, que cuando algún *fossor* fallecía, fuera enterrado junto con

Fossores, ilustración de Miguel Zorita para este libro.

sus herramientas de trabajo, tales como azadas, martillos, o picos. Existe, y es visible en la actualidad, en el cementerio de Domitila, la imagen en pie de uno de estos obreros cristianos llamado Diógenes, quien lleva una azada en la mano derecha y una especie de luminaria, candil o lámpara en la mano izquierda, y repartidos por el suelo los diferentes utensilios habituales de su trabajo.

En los primeros siglos del cristianismo, la propia Iglesia sufragaba los gastos de sepultura y sepelio de sus miembros pero es, a partir del siglo IV, cuando los *fossores* pasan a ser también recaudadores de impuestos de todas aquellas personas que deseaban tener un sitio (lo que en la actualidad conocemos como nicho) donde poder ser enterrados a futuro en el momento del fallecimiento. Normalmente, este privilegio quedaba reservado a la gente con un nivel económico alto, ya que suponía comprar a perpetuidad el eterno descanso, y se celebraba un contrato entre las dos partes, siendo el *fossor* quien tenía que cuidar que el servicio contratado fuera llevado a cabo. Es curioso, como en la actualidad, aún se siguen adquiriendo nichos o panteones, cuyo origen lo tenemos en el siglo IV de nuestra era. Si tenemos la oportunidad de acudir a la Iglesia de San Pablo Extramuros en la ciudad de Roma, podremos comprobar la existencia de una inscripción o grabado en el claustro donde se hace referencia a este tipo de compras de nichos. En tal sentido, se han encontrado epitafios donde se hacía constar por un lado al *fossor* y por otro lado al comprador, junto con los nombres de los testigos que celebraron dicho contrato.

A partir del siglo V, prácticamente los *fossores* empiezan a desaparecer y su figura pasa a ser testimonial, principalmente por el uso de las sepulturas subterráneas, donde el trabajo que realizaban ya no tenía el mismo sentido, y pasaban a ser meros sepultureros.

Gracias a algunos frescos en catacumbas, todavía bien conservados y visibles, podemos hacernos una idea del aspecto que tenían, normalmente vestían con una túnica corta, de color oscuro, con la cabeza rapada y con un calzado alto, provistos de azadas. También los hay que llevan una túnica con mangas ajustadas y con un manto echado sobre el hombro, con una lámpara en la mano. Se ha entendido que estos últimos tendrían algún cargo superior dentro de la organización porque los *fossores* 'rasos', iban provistos de utensilios de trabajo y la lámpara de la que se servían la solían colgar de algún clavo en la pared para alumbrarse durante el rudo trabajo que debían llevar a cabo.

De este modo el concepto de *fossor* poco a poco fue desapareciendo, dando entrada a otro tipo de oficios como sepultureros o enterradores, pero ¿han desaparecido totalmente de la sociedad? ¿siguen ejerciendo sus actividades? Si bien no como antaño, porque ya no cavan ni labran, ni utilizan herramientas para picar la piedra y fabricar las hornacinas donde colocar a los difuntos. pero siguen existiendo acompañando a los familiares del difunto y velando por él. Era muy importante hacer una introducción previa para conocer el origen de los *fossores* y de dónde procede la actividad que, aún hoy en día, la siguen ejerciendo tan solo seis sacerdotes en España, y que si no se continúa, está avocada a desaparecer.

Actualmente, existen tres *fossores* en Guadix (Granada) y tres en Logroño. Viven en recogimiento, y con cierto recelo a que se le dé, a la que consideran su profesión y vocación, una visión morbosa o siniestra. Se dedican a mantener limpio el cementerio, colocar flores a las tumbas, rezar oraciones y velar y cuidar a los difuntos.

La Congregación de los Hermanos Fossores fue fundada en el año 1953 por el religioso fray José María del Jesús Crucificado, y nunca han pasado de cincuenta miembros repartidos en cinco cementerios: Guadix, Logroño, Pamplona, Huelva y Jerez de la Frontera. En la actualidad, sólo en dos de estos cementerios quedan *fossores*.

Los Hermanos Fossores de la Misericordia.

El lema que su fundador dio a la Congregación fue la de «rogar a Dios por todos los vivos y difuntos y sepultar a los muertos», y así lo han venido haciendo desde entonces. Para ellos hay tres días donde los familiares deben acudir al cementerio a acompañar a sus difuntos, que son el día 1 de noviembre (festividad de Todos los Santos), el Domingo de Resurrección y el día del aniversario del fallecido ya que consideran que es como el día del nacimiento para el cielo.

Normalmente los frailes viven dentro del cementerio, como en una construcción anexa donde llevan a cabo sus tareas cotidianas como si estuvieran en un monasterio, es decir se levantan antes del amanecer, aseo, oración, liturgia y cuidado del cementerio; guardando de forma estricta los votos de obediencia, pobreza y castidad.

Hay que tener en cuenta que no son sacerdotes por tanto no pueden oficiar misa pero sí que están sometidos a un estricto horario de liturgia y lectura espiritual.

La actividad de los *fossores* es lo que actualmente se ha venido en denominar como el 'buen morir', es decir no morir en soledad, preparar al difunto a abandonar el mundo de los vivos mediante una serie de acciones que le ayuden en el tránsito al más allá, por ejemplo encendiendo velas, poniendo crucifijos sobre su tumba o lápida, haciendo misas anuales o mensuales. Todos ellos actos donde prima la presencia de las personas, reconciliándole incluso en los pecados que haya cometido en vida. Actualmente, y tras la maldita pandemia del Covid-19, se ha perdido en muchos casos ese contacto físico y emocional, tan importante en los últimos momentos de vida. Al final, la muerte es una constante de la vida y debemos ser conscientes, que más tarde o más temprano, nos llegará el tránsito y no podremos hacer nada por impedirlo. No hay mayor dolor que no poder despedirse de a quien más se ama, y ello conlleva no solo un enorme dolor a quien se queda sino también al difunto que marcha porque lo hace mal muriendo. El tránsito lo debemos entender como un ritual donde interaccionan las personas y los difuntos, donde se trata de aligerar a que estos últimos se 'transformen'. Morir o faltar es un rito de transición, un traspaso. Por ello, es necesario que aprendamos a llevar ese tránsito de la forma más natural posible, tal y como vivimos, si no lo queremos hacer por nosotros hagámoslo al menos por el difunto. En esta función es donde se sitúan los *fosores* a quienes les debemos que sigan acompañando y ayudando a bien morir a nuestros difuntos.

— 9 —
Las plañideras

«… por unas 45 libras a la hora (unos 57 euros) uno puede disponer de una compungida plañidera que, además, se habrá informado debidamente de la vida del finado por si a alguno de los asistentes le da por intercambiar anécdotas con ella…».

The Telegraph (26 marzo 2013)

En todo funeral está presente el dolor de la pérdida, de la desconexión humana del fallecido con sus seres queridos y ello conlleva un desarraigo físico y espiritual que para muchas personas es difícil de superar. Es el momento donde las muestras de pesar se manifestaban con lloros y gestos de aflicción, donde las mujeres se abrazaban al cuerpo del difunto y lo cubrían de besos y donde los hombres se quitaban el sombrero, descubriendo su cabeza, en señal de respeto, vestidos de riguroso negro. Previamente, era necesario confirmar que el finado había fallecido para lo cual se le acercaba, a la boca o a la nariz, una cerilla encendida o un pequeño espejo para constatar que el último aliento ya se había producido.

Llorar es necesario, y el llanto es una parte importante en el proceso de duelo, al fin y al cabo la pena es una experiencia humana universal pero cada cual lleva el duelo de una persona fallecida como mejor puede, no hay cánones establecidos. Por ello, hay gente que no llora en un funeral, que no sabe manifestar su dolor y si no lo controla, se puede consumir por dentro. En cualquier caso, el hecho de no llorar no es malo porque cada persona expresa sus sentimientos como puede o quiere. El hecho de no llorar puede deberse a una defensa ante la noticia de un fallecimiento, porque no se asume o no se acepta por completo; por ejemplo ante la muerte repentina o inesperada de una persona joven, y en tal caso no deberíamos obligar u obligarnos a sufrirla, cada persona tiene sus tiempos de duelo. Hoy en día, sigue estando mal visto y objeto de comidillas que no se derramen lágrimas en un entierro de algún familiar o de alguna persona cercana, pero nosotros somos dueños de nuestros propios sentimientos sin que ello suponga una malquerencia hacia el fallecido. Recuerdo la imagen de mi padre sin derramar una lágrima ante el ataúd abierto de mi abuela, antes de colocarla en el nicho; sin embargo, transcurridos unos días, una vez asumió la pérdida, el desconsuelo lo pasó en la intimidad y rodeado de su gente.

Plañideras, ilustración de Miguel Zorita para este libro.

Es por ello, que estuvo tan mal visto en la sociedad no mostrar pena que se llegaron a contratar a mujeres cuyo oficio era llorar en el rito funerario o en el entierro de los difuntos, a cambio de una cantidad de dinero, y recibieron el nombre de plañideras o lloronas.

Las plañideras tenían como objetivo contagiar la pena a los deudos presentes, reforzar la reputación del difunto (se determinaba la importancia del finado en función del número de plañideras que acudían), canalizar el dolor, el duelo y la pena por la persona fallecida y dar fuerza, ánimo y vigor a las personas que asisten al funeral.

El origen de las plañideras lo encontramos en la cultura egipcia y su denominación procede del verbo plañir y del latín *plagere*, que es lo mismo que lamentar, gemir, sollozar o llorar.

Las plañideras se mantuvieron en muchas áreas de todo el mediterráneo hasta el siglo xx. Eran personas que podían ser o no familiares del difunto.

El origen por tanto procede de la civilización egipcia y más concretamente en aquellas mujeres que siguieron el ejemplo mitológico de Isis, la gran diosa madre. Según se cuenta, Isis lloró desconsoladamente cuando falleció su marido Osiris, asesinado por su hermano Seth, mientras buscaba sus trozos por todo el país e intentaba devolverlo a la vida. De esta forma, las plañideras ya aparecen representadas en aquella época.

De esta forma, como afirma la investigadora Sofía Lili Reyes, «las plañideras actuaban como seres *psicopompos*, acompañando al difunto en el tránsito hacia el otro mundo y repetían el gesto mágico de la diosa con el fin de procurar su renacimiento en el más allá».

Según el historiador Heródoto, en los funerales del antiguo Egipto las mujeres se cubren el rostro y la cabeza con lodo y así, medio desfiguradas y con los pechos descubiertos, dejan en casa al difunto, deambulan por la ciudad llorando y dándose golpes en el pecho, acompañándolas en comitiva toda la parentela. Los hombres de la misma familia forman su coro plañendo al difunto.

De esta forma, en el antiguo Egipto, acudían a los funerales levantando los brazos en alto haciendo ver que defendían al fallecido, siendo destacable que no utilizaban vestidos negros en señal de luto sino que el color era el blanco grisáceo. Como afirma la egiptóloga Teresa Bedman, las plañideras eran un cuerpo sacerdotal que lloraba a los muertos y además era una tradición que se pasaba de madres e hijas. Por tanto era un oficio ancestral, y que al igual que en la hechicería, sus funciones se trasmitían de generación a generación. En Luxor —donde reside actualmente Teresa Bedman— todavía permanecen muchas tradiciones y de hecho, como afirma, en los funerales se ven a veces más de cuatrocientas mujeres vestidas de negro, llorando a los familiares.

Solían ser mujeres no muy adultas, entre los treinta y cuarenta años de edad, normalmente viudas o sin familia y en grupos de tres. El hecho de que fueron viudas viene determinado porque a lo largo de la historia estas han sido estigmatizadas y denostadas por la sociedad, especialmente en aquellos territorios donde no estaba bien visto que trabajara para sobrevivir. Como afirma el investigador Antonio Delgado, el luto para una viuda unido a su aspecto corporal les daba un aire siniestro, estando obligadas a vivir en la mendicidad y en lugares solitarios, lejos de las personas, siendo una presa fácil para la

Plañidera egipcia, probablemente Isis llorando a Osiris.
Dinastía XVIII, 1550-1295 a. C. Museo del Louvre.

Inquisición quien las acusó de hechicería o brujería. Por ello, dicha exclusión social a la que estaban sometidas hizo que muchas de ellas ejercieran oficios a los que los poderes eclesiásticos y civiles calificaron de hechicería o brujeriles.

Normalmente eran contratadas por familiares del difunto en cuyo funeral no era previsible que acudiera mucha gente o bien en aquellos supuestos donde el fallecido no tenía a nadie en esta vida, actuando no solo como expresión del dolor por la pérdida sino también como acompañantes del finado en su último viaje. Toda la escena estaba perfectamente diseñada para que las plañideras no pasaran desapercibidas situándose en un lugar estratégico con el fin de dramatizar su presencia y poder llevar a cabo su actuación y puesta en escena de la forma más realista posible, bien de forma silenciosa, bien emitiendo pequeños gemidos o llantos e incluso llegando a golpearse el pecho, gritar como posesas o desgarrarse las vestiduras, a petición y según lo estipulado con el contratante.

Por ello, las plañideras actuaban como actrices trágicas, pero era necesario que hubiera un mínimo de conexión con el difunto, tenían que sentir el dolor de los familiares para poder transmitirlo, de manera respetuosa pero con dramatismo, tenían que saber manejar las emociones de los presentes en el funeral y contagiar el llanto con el fin de dar realismo a la escena que representaban.

Según afirma Reyes, se ha llegado a encontrar en momias egipcias que los embalsamadores colocaban, entre sus vendas, pequeñas plaquitas que representaban a Isis y Neftis, como amuletos para facilitar el paso a la nueva vida.

Es interesante en este punto, la distinción que realiza el profesor Alfredo Erías Martínez, entre plañideras de oficio o lamentatrices, que serían aquellas mujeres que realizan su trabajo en el plano terrenal y cobran por él y las plañideras que se mueven en el territorio sagrado de los dioses, donde se podría encajar el llanto de Isis por Osiris, enlazando más tarde con los espectaculares lamentos profesionales por la muerte de Attis en Roma y con la Virgen Dolorosa o María Magdalena que lloran y sufren por la muerte de Jesucristo.

Encontramos referencias a las plañideras, incluso en el Antiguo Testamento, cuando el propio Dios las invoca en los lamentos de Jeremías por los pecados del pueblo y la devastación de Judea: «...16. Así habla Yahveh Sebaot: ¡Hala! Llamad a las plañideras, que vengan:

mandad por las más hábiles, que vengan. 17 ¡Pronto! Que entonen por nosotros una lamentación. Dejen caer lágrimas nuestros ojos, y nuestros párpados den curso al llanto…» (Jeremías 9 16-17, Biblia de Jerusalén).

En la época griega, la purificación del difunto era fundamental en el momento del entierro ya que no concebían que se produjera el hecho de que el cuerpo se pudriera. También se contrataban a las plañideras, las cuales se alisaban el pelo delante del difunto y llevaban a cabo el treno fúnebre, que consistía en la lamentación por la desgracia de la pérdida. En esta época ya van con un velo que les cubre todo el rostro como posteriormente también lo harán en la romana.

Varios autores citan a las plañideras en sus obras como Esquilo en *Las Coéforas* (página 21) donde en un momento del capítulo el coro canta: «… Golpeo mi pecho al ritmo de un canto ario y según los ritos de las plañideras cisias, podéis ver mis manos extendidas, acumulando golpe tras golpe, agitándose sin cesar, de arriba, de lejos, y con el choque retumba mi resonante y dolorida cabeza…».

Otro autor que, si bien no las nombra de forma expresa, sí que implícitamente se refiere a ellas, es Homero en *La Ilíada*, en el momento en que describe a Hécabe, madre de Héctor, arrancándose los cabellos ante la muerte de su hijo, o el llanto de las ninfas por el padre de Andrómaca o el de las nereidas en el funeral de Aquiles.

En Roma, nuevamente encontramos a las plañideras donde se sirven, en algunas ocasiones, de un pequeño receptáculo para las lágrimas denominado 'lacrimatorio'. Se trataba de una botellita elaborada de cristal muy fino donde se recogían las lágrimas para posteriormente enterrarlas junto al difunto.

Sin embargo, es durante el cristianismo cuando más representación iconográfica existe de las plañideras, representando a María Magdalena o a la propia Virgen María llorando a los pies del Cristo crucificado. De esta forma se refiere la Biblia a María Magdalena cuando encuentra a Jesús «… a sus pies comenzó a regarlos con sus lágrimas; los enjuagaba con sus cabellos, los besaba y los ungía de bálsamos. Perdonados son sus pecados porque ha amado mucho…». Según cita la autora Elsa Muñiz, las lágrimas de las plañideras no son sinceras, no expresan un dolor verdadero ya que son producto de una transacción comercial. No estoy de acuerdo con esta afirmación ya que a mi entender sí que existe una conexión o unión sentimental con el fallecido por lo que erróneamente se las ha agrupado y considerado sólo como un oficio o una profesión pagada ante la muerte y creo que su función va más allá del mero contrato comercial. Bajo mi punto de vista, las plañideras materializan el sentimiento con sus lágrimas, letanías, rezos y palabras durante el duelo colectivo; de este modo el llanto es para conseguir y expresar el dolor personal y el de la comunidad que está presente en el funeral y dudo que esos rezos y lágrimas que expresan ya sea de pie, de rodillas o abrazadas al féretro no sean sentidos, en cualquier caso cumplieron una labor social y humanitaria que debe ser reconocida.

Durante la Edad Media, se empezaron a perseguir tales prácticas y se censuró puesto que para la Iglesia el lamento por los difuntos representaba una oposición al dogma cristiano y conllevaba la imposibilidad de que el difunto pudiera resucitar o disfrutar de la vida eterna. Es por esta razón por lo que se decidió aplicar incluso la excomunión a las plañideras que siguieran ejerciendo tal oficio. De hecho, concretamente en el año 1502 las plañideras fueron prohibidas por los Reyes Católicos en los territorios hispanos, estableciendo el color negro como color oficial en la indumentaria funeraria y limitando los gestos y aspavientos exagerados. En esta época, especialmente duro fue el luto para la mujer quien debía encerrarse durante el primer año en una habitación totalmente pintada de negro y sin decoración. En el siglo XVIII, el rey Felipe V eliminó el hecho de que la habitación fuera oscura y redujo el periodo de luto a seis meses, además de prohibirse el ejercicio de las plañideras en los funerales, fundamentalmente por escenificaciones excesivamente escandalosas y molestas, siendo el Vaticano quien decidió cortar por lo sano. A pesar de ello, las plañideras siguieron ejerciendo su trabajo de acompañamiento, desde la clandestinidad, prácticamente hasta bien entrado el siglo XX.

¿Y en España? ¿Tenemos nuestras propias plañideras? Por supuesto que sí, de hecho aún las hay en activo en algunos pueblos y aldeas de la península ibérica, de hecho hasta mediados del siglo pasado, las plañideras eran habituales en nuestro país.

En España han recibido diferentes nombres según la zona geográfica donde ejercían su oficio, de esta forma tenemos a la *choronas* en Galicia o las *eristoriak* en Euskadi, e incluso en algunas regiones de Cataluña, donde el oficio lo desempeñaban los hombres, a estos se les conocía como los *ploracossos*. Por tanto, las plañideras no solo siguen existiendo en España sino que incluso algunas funerarias las han incluido como parte de los servicios que ofertan. No obstante, nos encontramos ante un oficio llamado a desaparecer, tal y como afirma el profesor Eugenio Alberto Rodríguez, doctor en Teología y máster en Doctrina Social de la Iglesia, quien señala que se trata de una práctica en desuso.

Sin embargo, poco a poco es un oficio que se está rescatando en España, principalmente porque muchas amas de casa ven en este trabajo una forma de poder obtener pequeñas cantidades de dinero que les permitan mejorar su pésima situación económica; aunque no es tan fácil ser plañidera, para ello se requiere la consiguiente apro-bación por parte de la Iglesia o de sacerdotes católicos de parroquias rurales (donde mayormente se ejerce la profesión de plañidera). De esta forma, el padre Antonio Pérez, responsable de la parroquia de Campanario (Badajoz), afirma que no se trata de cambiar las leyes, ni desobedecer a la Iglesia católica, pero si podemos dar una mano a quien lo necesita, es un acto de caridad cristiana. Es por ello, que en las ceremonias que se llevan a cabo en la iglesia de tal localidad, el párroco anuncia el servicio de las lloronas para todo aquel vecino que requiera de ellas. El coste del servicio para rezar y llorar por un

Plañideras, fotografía del *Diario la Verdad*.

muerto desconocido está entre veinte y treinta euros por día. Así lo cuenta Facunda Santiesteban, una de las plañideras de la localidad de Campanario, «lo que hago es por vocación. Rezar, rezo todos los días. El dinero no voy a decir que no ayuda, ahora que la cosa está como está».

Para finalizar este capítulo, nos gustaría hacer referencia a la definición que de las plañideras hace el profesor Alfredo Erías Martínez, para quien estas mujeres fueron una especie de actrices especializadas en el llanto y demás manifestaciones de dolor e imploración por los muertos, siguiendo directrices rituales específicas según las culturas, las épocas y la clase social del finado. Y está claro que la más espectacular y creíble sería la preferida y la mejor pagada. Y un entierro sería tanto más importante socialmente cuanto más y mejores plañideras tuviese.

Lo cierto es que la plañidera realizó y sigue realizando, no sabemos hasta cuando, un trabajo totalmente honroso, acompañando en el duelo a los familiares del difunto y que en ocasiones por distancia o lejanía, estos no podían acudir al funeral, siendo ellas las que estaban presentes para no dejar en soledad al finado; y ahí es donde nuestras protagonistas nunca fallaron a su cita, y que como dice Facunda, muchas de ellas lo hacían y lo siguen haciendo por vocación.

En la localidad valenciana de Paiporta, aún perdura esta actividad, aunque actualmente muy alejada del concepto funerario. Pese a ello, salen en procesión a mediados de agosto durante las festividades locales durante una procesión denominada Día del Gos, donde cada año los clavarios construyen, con cartón y otros elementos, la imagen de un perro que llevan en andas acompañado por un grupo de plañideras hasta que lo queman en una hoguera. La devoción por este animal procede de los tiempos del cólera, allá por 1888, que decidieron sustituir a san Jorge por un nuevo patrón local, san Roc, cuyas imágenes siempre le acompañan un perro que forma parte de su leyenda. Aunque realmente su origen tiene una vertiente pagana a causa de la prohibición de los carnavales en 1940.

— 10 —
Sepultureros

«El arte de vivir consiste en conseguir que hasta
los sepultureros lamenten tu muerte».

Mark Twain

Desde los primeros tiempos de la humanidad, el respeto hacia la muerte llevó a nuestros antepasados a considerar que entrando en contacto con los restos de una persona fallecida se nos podían transmitir las habilidades, fortalezas y virtudes que tuvo en vida el fallecido. Esa es una de las mayores razones de que perviviera la antropología ritual de la muerte. El simple hecho de mencionar o decir la palabra muerte, pone en alerta y nervioso a la mayoría de las personas. Un asunto tabú.

En la tradición española, la muerte no siempre es considerada el final de un trayecto, sino el tránsito de una vida a otra. En ocasiones se nos comunica este desenlace a través de mensajes de la naturaleza y elementos supersticiosos. Esos avisos pueden ser desde el canto de la lechuza o del búho, las campanas que suenan al mismo tiempo que el reloj, el aullido de los perros, un muerto cuyos ojos nos miran, un aparecido que nos entrega un cirio, un conocido al que vemos sin estar en el lugar, una voz que dice nuestro nombre, ver nuestro propio entierro o funeral... todo depende de las tradiciones en que se sumerge cada región.

Aquellas personas que se sentían cerca de las puertas de la muerte se preparaban para una migración, aceptaban con dignidad y ponderación su destino.

En este lúgubre ambiente ayudaban los toques vespertinos de ánimas, las campanas luctuosas, la cercanía de osarios incluso del cementerio junto a las iglesias hasta no hace mucho tiempo…, todo contribuía a hacer que la muerte fuera un trámite natural, cotidiano y aceptado por las creencias religiosas de su momento hasta hace unos años; algo ha cambiado en ciertas mentalidades. Aunque esto no significa que sea menos temible, aún se sigue teniendo cierto pánico a un destino prácticamente desconocido.

Sin embargo, alrededor de un cadáver existen unas creencias ancestrales, religiosas incluso místicas. Los hechiceros y curanderos empleaban restos de cadáveres para sus ungüentos y conjuros, aunque están más cerca de la nigromancia estas actividades que la propia magia benigna en sí. Existen pruebas de siglos anteriores que mencionan estas prácticas, que no siempre eran nigromantes

Sepulturero, ilustración de Miguel Zorita para este libro.

o personajes dedicados al curanderismo o brujería, eran los propios sepultureros los que realizaban estas prácticas de índole póstuma; por ejemplo en la localidad de Campo de Criptana (Ciudad Real), el sepulturero local Antonio Baiot, fue procesado en 1744 por el tribunal de la Inquisición, se dedicaba a desenterrar cadáveres en la soledad del camposanto, a menudo en la noche, los desenterraba para extraer su muelas y la propia calavera del cadáver para realizar diferentes ungüentos para sanar enfermedades incluso aplicarlos en algunos conjuros. O el caso de una mujer llamada Juana Ruíz, de Daimiel, considerada una bruja que fue procesada en el año 1541. Como el personaje mencionado anteriormente, la noche fue su aliada para ir al cementerio y recoger huesos de fallecidos con la misma finalidad de sus usos mágicos.

Existían otras costumbres de índole mágica y cubiertas por la superstición; por ejemplo, llevar a un menor que estuviera gravemente enfermo a la casa donde había un funeral. Una vez ahí, le hacían tomar la mano del cadáver. Una tradición que se mantuvo viva hasta finales del siglo xviii. El efecto mágico de este gesto era que el niño iría sanando de su enfermedad poco a poco, al ritmo de la descomposición del finado que le ha tocado la mano.

En Valencia algunas tradiciones funerarias están muy vigentes en algunas zonas rurales. Práctica que se han venido aplicando desde que comenzamos a realizar los primeros enterramientos humanos, para ir evolucionando a diferentes ritos que aún perduran en nuestro siglo xxi.

Durante las epidemias conocemos la famosa danza de la muerte que se hizo popular en casi toda Europa, especialmente durante las primeras epidemias de la peste y se plasmó con representaciones macabras de pintores como Michael Woldemut, Hans Holbein entre otras obras de firma anónima.

En la pequeña localidad de Llosa de Ranes (Valencia) existe una ancestral danza, conocida como *la dansá del velatori*. Un rito funerario exclusivo para los niños (normalmente tenían menos de 10 años); la mayoría de estos menores fallecían por las terribles epidemias. Se trata de un ritual mortuorio que se ha venido practicando hasta principios del siglo xx.

Siguiendo las pautas que marcaba el rito, aunque podían variar según la localidad, cuando fallecía ese menor, la iglesia informaba al pueblo con toque de muerte en los tañidos de las campanas de la iglesia. La familia y conocidos acudían a la casa del difunto, preparados para cantar y bailar esta danza mientras velaban al muerto, de ahí su nombre en valenciano: danza del velatorio, (*dansá del velatori*).

Según las tradiciones ancestrales, el difunto era colocado en un pequeño ataúd entre telas blancas, rodeado de flores blancas como símbolo de pureza e inocencia. Al rostro del finado se le aplicaban colores vivos, especialmente el carmín, como un maquillaje multicolor intentando representar el rostro de un ángel celestial lleno de vitalidad y fuerza. El objetivo es ocultar tras ese color la palidez cadavérica. Además de ubicar diversas figuras religiosas alrededor del ataúd y diversos candelabros con sus velas correspondientes. Una escena que puede dar cierta impresión a primera vista.

Cuando cae el sol, se empezaban a tocar algunos instrumentos musicales (bandurrias, guitarras, castañuelas) y a cantar, con ello daba paso al rito de la *dansá del velatori* hasta altas horas de la madrugada.

Un misterio el motivo de esta danza, quizá mostrar un camino de alegría al pequeño difunto en su eterno viaje al más allá. Las creencias populares nos dicen que el niño no ha pecado a esa corta edad, de ahí la pureza e inocencia de su alma, junto a la alegría y festividad que rodea el sepelio. Hoy se ha convertido en una fusión singular del folclore funerario y nos olvidamos de sus orígenes arcaicos. La danza como símbolo, como manifestación del cielo en la tierra y de la tierra en el cielo.

En estas líneas nos estamos saliendo del objetivo real, enfocarnos en un mundo algo sombrío, rodeado de leyendas, de rumores infundados y sobre todo de un aura asombroso, que lo vinculan como el último personaje que acompaña a un finado.

Quizá resulte morboso incluso causar escalofríos cuando en el pasado o en plena actualidad nos confiese un personaje su profesión de enterrador. Creemos que es algo digno y humano, además de ser muy necesario. No solo tenía la triste y fría tarea de enterrar (en la antigüedad se hacía en el suelo, recordemos este detalle), sino también tiene una tarea aterradora a su vista, desenterrar los fallecidos para su incineración, traslado o causas judiciales si fuera necesario y, en ciertas ocasiones, amortajar al fallecido incluso ayudar en los embalsamamientos.

Algunas zonas del interior más rural de Valencia, incluso en muchas poblaciones de Andalucía (Pedroche, por citar un ejemplo) se aferraban, hasta mitad del siglo xx, en algunas tradiciones fúnebres de tener que abrir la tapa el enterrador, colocarle un fino velo blanco sobre el cuerpo del difunto para arrojar lentamente y bien repartida una cierta cantidad de cal viva. Esto ayudaba al proceso de descomposición del cadáver.

Como sucede con la leyenda, cine y literatura, siempre nos han ofrecido su imagen como un hombre extraño, sombrío, con esa pálida piel más cerca del mundo de ultratumba que de los vivos, personajes que generaban cierta desconfianza. Una figura que estaba muy inspirada en un personaje de la mitología griega, Caronte, el barquero de Hades, el encargado de transportar las almas de los difuntos en su viaje al más allá. Con inspiraciones y sugerencias legendarias o sin ellas, esto ha sido una constante hasta finales del pasado siglo. Vincular el oficio a algo tétrico.

No es de extrañar, el hecho que esté siempre en contacto con la muerte y su parafernalia diaria. El mundo de las sombras siempre merodea con la figura de este oficio. Sin embargo, debemos indicar que está alejado de la realidad; ni eran tan extraños, ni tampoco eran personas deprimidas por ejercer este lúgubre oficio. Son grandes personas con muchos sentimientos, padres de familia que, hasta la década de 1970, muchos de ellos eran analfabetos por la escasez de tiempo que pudieran dedicar al estudio. Era complicado armonizar algo tan cotidiano en la actualidad: trabajo y estudio. Pese a ello, no significa que fuera cortos de cultura. Conservan en su memoria mucho conocimiento, especialmente filosófico y ancestral.

La responsabilidad de colgarle este sambenito a la profesión recae en la Iglesia, ya que durante las terribles epidemias de la peste, cólera… de siglos anteriores se les encargó recoger los cadáveres a personas sin futuro, presos o individuos de mala calaña. Podemos citar un ejemplo de archivo de 1599 por su regidor Andrés de Cañas: «en la ciudad, se nombraron 4 pícaros que trayan caperuzas azules, los quales enterraban a todos los que morían deste mal, y no otra persona por principal que fuese, y estos estaban en casa aparte y andaba un alguacil con ellos, […] Estos picaros […] son tan grandes bellacos […]». (*La peste de 1599 en Burgos, una relación del regidor Andrés de Cañas*)

Estas designaciones hicieron que comenzara a mirárseles con mal agüero y rechazados muy a menudo dentro de la sociedad. Se les llegó a acusar de robar pertenencias al cadáver incluso de prácticas de necromancia y necrofilia. Otra causa de su aislamiento es la norma de la misma Iglesia de no acercarse a los vivos, por eso de las infecciones, los consideraban a menudo portadores de ciertas malignidades. Además del escaso respeto por las víctimas durante su trato y traslado del cadáver.

A menudo solía ocurrir, en entornos rurales, que acompañe a este oficio unas actividades adicionales, por ejemplo, estaban las avisadoras. Mujeres que se encargaban de avisar al pueblo de la defunción, de gestionar el aviso al párroco local para preparar los santos óleos incluso de avisar al ayuntamiento, rellenar el certificado de defunción… entre otras funciones que se han ido evaporando con el paso de los años; pasaron a asumirlas las propias funerarias y dar aviso los propios ayuntamientos a través de bandos municipales.

Aquí una frase popular que es conocida en la localidad de Pedroche (Córdoba) donde muestra esta actividad de la avisadora:

«Y si piensas en morirte
no te preocupe el entierro
que la señora Ciriaca
te arreglará el papeleo»,

Otra actividad, en este caso ilegal, que bien podía ejercerla el mismo enterrador a través de sobornos o bien ejercerla unos personajes más osados y con poco temor a la noche, incluso a los muertos: los resucitadores.

No estamos hablando de ritos mágicos ni magia negra, pero antaño se les vinculó a menudo con los ritos brujeriles y actos de ritos del más allá. Este pseudoficio se dedicaba a desenterrar personas, normalmente, recién fallecidas.

¿Ladrones de cadáveres? A menudo sustraían objetos de valor, pero casi siempre han respetado los objetos dejándolos en su sitio por el temor a la mala suerte o manifestaciones fantasmales del finado. Sin embargo, tras exhumar el cuerpo terminaba en la mesa de disecciones de las universidades o particulares que se dedicaban al estudio de la medicina. Siempre al amparo de la noche, entre brumas, silencio y la soledad del camposanto.

Aunque existen otras profesiones vinculadas al mundo de la muerte, desde el fabricante de ataúdes al vendedor de seguros de decesos, que debe ser morboso tener que decirle a su posible cliente que se va a morir tarde o temprano. Una actividad que sigue funcionando es la técnica de embalsamamiento, más conocido como tanatopraxia en la actualidad. Esto no es nuevo, desde hace milenios se conoce la técnica de embalsamamiento a través de diferentes resinas, aceites y hierbas aromáticas.

La conservación del cadáver está ligada a las creencias religiosas de cada época. Sin embargo, pocos conocen las técnicas del siglo XIX; había que tener ciertas agallas para realizar semejantes pasos, la mayoría eran estudiantes de medicina que ya tenían cierta adaptación al cadáver para su estudio, que después desechaban a la incineradora o bien a una fosa común, pero hacerle a un cuerpo sin vida un proceso de mantenimiento causaba cierto respeto y temor, ya que era un asunto que estaba en juego la imagen de esa persona, la reputación familiar y, claro está, la esperanza de la resurrección.

La tarea, en el siglo XIX y según el Dr. Ignacio Miguel Pusalgas y Guerris en su dossier de1861 denominado *Métodos de embalsamamiento*, había que realizar una profunda incisión en el cuello, descubriendo la tráquea, insertando después una fuente de agua hasta que salga limpia por el ano del difunto, además de hacer un corte horizontal con la sierra para extraer la masa encefálica y limpiar después la cavidad. Otro paso que cita para preparar el cuerpo, es sacar los ojos de sus órbitas sin estropear los párpados, sin olvidar de vaciar el cuerpo de vísceras para rellenar todo de alumbre, yeso, sal y diferentes aceites, especialmente de trementina. Para acabar dando un baño al cuerpo en agua con cloruro de cal. Por supuesto, si el finado iba a estar a la vista pública, lo rociaba con esencias de rosa, clavel... ¿y que hacían con los restos extraídos del cuerpo? Se mandaban enterrar todo junto en una caja de madera.

Como podemos observar, había que tener cierto estómago en aquellos tiempos para realizar dichas tareas. Hoy, se emplean métodos más seguros, menos agresivos y más cuidadosos.

Por supuesto, otro peculiar personaje aparece en ocasiones, en este caso no robaba cuerpos ni te enterraba, pero sí retrataba el rostro de la muerte: el fotógrafo postmortem. Aquel que realizada una artística fotografía del finado con los familiares.

En España, desde las últimas décadas del siglo XIX hasta nuestros días (con el fotoperiodismo moderno de la muerte) es algo habitual. Las primeras fotos postmortem en España eran mayoritariamente de niños, que se reverenciaban posteriormente como si fueran un ángel protector. Aunque a la hora de la verdad, ya no es tan frecuente la foto familiar postmortem, por un motivo: la presencia de cámaras en nuestras vidas de todo tipo, por ello, conservamos muchos recuerdos del difunto. El proceso de fotografía postmortem era peculiar, a menudo debían sostener el cadáver con soportes, maquillarlo incluso pintarle los párpados para que pareciese vivo en la imagen.

El arte de la muerte, de la cultura fúnebre y todo lo que le rodea siempre seguirá siendo un enigma, así como sus oficios vinculados en el tránsito al más allá, cielo o infierno o como más le guste denominarlo, ya lo hemos observado en sus elementos accesorios, las plañideras, los *fossores*...

— 11 —
Serenos, faroleros y limpiabotas

«Publicaran en voz alta la hora y temporal, aquella
con expresión de medias horas y cuartos que han de
repetirlo cada cuarenta o cincuenta pasos».

Reglamento de serenos, punto 5º, año 1798

Un peculiar personaje, con largo palo al hombro, tenía la responsabilidad de encender y apagar los faroles de la ciudad. Evidentemente,
sin reloj para su referencia, se basaba en la luz solar. El tiempo es
para controlar su objetivo, cerca de setenta faroles deben estar apa-
gados o encendidos en poco más de media hora. Aunque no destila
ese aura de misterio como otras profesiones, siempre ha sido visto
como algo maravilloso y protector.

Los serenos eran otros peculiares personajes de las noches.
Valencia fue el primer sitio donde funcionaron los serenos, después les seguiría Toledo, Madrid, Vitoria-Gasteiz... Sin lugar
a duda, en Madrid fue donde mayor actividad existía, hasta su
desaparición en 1986. La causa de ello fue el aumento de la bur-
guesía en Madrid, que solicitaba mejorar y aumentar medios
para la protección de sus propiedades dentro de la ciudad, tras
observar que otras urbes europeas disponían de diferentes vigilancias y, ciudades como Valencia y Cádiz aparecían las figuras
de serenos.

Aunque ya en tiempos del Imperio romano existía esta profesión
para vigilar a los esclavos, evitar posibles fugas, altercados y sobre
todo, mantener orden durante la noche, el cuerpo de los serenos fue
creado en 1777 por el valenciano Joaquín Fos.

La idea de este personaje, que era muy popular e influyente en la ciudad de Valencia, cuya profesión estaba ligada al comercio de la seda, era hacer una serie de rondas por el barrio que legislaba desde las once de la noche hasta las cinco de la madrugada, entregando una alabarda y, como accesorio imprescindible, un farol. Estos empleados procedían de los talleres de pirotecnia (conocidos como *coheters*), que estaban desempleados por un decreto real que abolió la fabricación de fuegos de artificio. Esta idea le vino tras viajar por diversas ciudades europeas, quiso imitar estas profesiones. Joaquín Fos tuvo una vida bastante agitada, hasta tuvo que simular su propia muerte para lograr un pasaporte falso y acceder de incógnito a muchos talleres de seda en ciudades francesas, italianas y alemanas.

Farolero.

Con su nombre original era difícil, pues tenía una reputación como sedero muy importante, basta recordar que fue vocal de la Real Junta de Comercio de las Fábricas de Seda de Valencia, un cargo de mucho peso y responsabilidad.

En líneas generales, su función era vigilar las calles durante las horas nocturnas, así como mantener el orden público durante la noche y auxiliar a las personas cuando fuera necesario. Recordemos en estas líneas que el orden público nocturno no es comparable con nuestros tiempos, no había tanta actividad de ocio y pocos se aventuraban en la nocturnidad; lo poco que se podían encontrar puede suponer un peligro, existía mucha desconfianza en la noche.

Su elección era muy selecta, debían reunir unos requisitos imprescindibles de edad, de estatura y una nítida conducta, se les exigía buena trayectoria cívica y carecer de antecedentes delictivos o judiciales, por muy pequeños que estuvieran calificados. La seguridad de la zona o barrios dependía de ellos, de los serenos. Entre ellos se comunicaban voceando una serie de contraseñas o un sencillo silbido (posteriormente añadieron un silbato a sus herramientas), códigos personalizados que servían para acudir en ayuda, avisar de su cercanía o cualquier incidencia que necesitase la ayuda de otro compañero de profesión. Una de sus funciones era poner (en las calles que se podían) unas cadenas para cerrar la calle, así entorpecer la huida nocturna de un delincuente en la oscuridad. La noche era sumamente complicada, requería una cierta dosis de paciencia y valentía a la hora de afrontar un incidente, incluso en los momentos más insólitos y extraños.

Curiosamente, cuando nos referimos al silbato del sereno, su uso indiscriminado por parte de ellos ante cualquier situación, tuviera o no gravedad, hizo que las autoridades policiales se cansaran ante tanta alarma injustificada y optaron por no hacerles caso en la mayoría de los casos. A causa de esto, viene la expresión «te han tomado por el pito del sereno» que, como sabemos todos, significa que no te toman en serio.

A pesar de la imagen que ofrece la historia del sereno, siempre les han permitido ir armados con un arma de fuego. Su labor era primordial en las vigilancias y colaboración con los cuerpos de seguridad. Eran la autoridad amable de la noche. El sonido del chuzo cuando el sereno golpeaba la acera era todo un rito. Era la seguridad del paseante que merodeaba cerca del sereno, el oportuno socorrista cuando se requería una urgencia, hasta ser el acompañante del protagonista que andaba azorado por las calles incluso ser la llave de la correspondiente casa de vecino que llegaba en horas fuera de lo común. Ser portadores de las llaves de las casas, tiendas y locales comerciales, era una responsabilidad inexorable. Sobre todo por un motivo de diseño de su época, las puertas y accesos de las casas de aquellos tiempos eran verdaderos portones que se abrían con llaves de gran tamaño y peso, cuyo transporte por los propietarios era muy incómodo y confiaban ciegamente en la honestidad de la figura del sereno.

Estas personas trabajaban en complicados horarios nocturnos y ejercían una compleja labor de cuidadores de la noche. Ayudaban constantemente en las labores de la policía cuando algún suceso requería su presencia y testimonio.

Los primeros años de su funcionamiento, al menos en Madrid y observando unos edictos de finales del siglo xviii, su función sería la de dar tranquilidad a los vecinos durante la noche, comenzando a las nueve en invierno y once de la noche en verano; para evitar tentaciones y corrupciones dentro del cuerpo de serenos, se amenazaba seriamente a todos los empleados con la pena de muerte en un supuesto caso de que estén robando o estén ayudando o facilitando un robo. Existían las sanciones por quedarse dormido, que oscilaban entre 20 a 40 reales de su sueldo.

Gran parte de los empleados de esta profesión siempre han tenido momentos extravagantes, incluyendo manifestaciones fantasmales en los hogares, que se han visto obligados a llamar o buscar en horas inesperadas a sacerdotes para un ritual de limpieza o exorcismo. Incluso ejercían de otras labores inesperadas y simpáticas como ser canguro o llevar un telegrama urgente. En ocasiones se vieron apurados, como atender partos o ser cómplices de ciertas relaciones amorosas.

Esta buena atención al ciudadano y vecino de su barrida que controlaba, hizo que se ganasen un prestigio y respeto, siendo considerados como unos ángeles de la noche. Ejercían de unos improvisados psicólogos en la noche y, en muchas ocasiones, actuaban como confesionarios al recibir muchísima información, comadreos y secretos familiares, rumores de comportamientos extraños de ciertos vecinos y otras actividades del barrio.

Esto suponía una carga de responsabilidad, aunque parezca rutinario. Conservar un secreto es un gesto de honor y muchas personas han tratado de indagar o arrancarles alguna confesión. Esto no es nada nuevo, en siglos anteriores, ya existía en Venecia, durante el siglo XV hasta finales del XIX, un personaje que ejercía de guía por sus calles, eran los *còdega*. Y eran poseedores de ciertas confidencias y escuchas cuando acompañaban a los patricios a sus hogares o lugares de reunión. Esto es comparable con nuestros serenos, muchos de ellos guardaron secretos y revelaciones.

Su voz en la oscuridad, funcionaba como un efecto reparador al vecino que podía escucharlo, relajaba, controlaban la hora y el parte meteorológico incluso alguna incidencia de interés notorio: «las tres y sereno» o bien «las tres y lluvia»... Este hábito se perdió a mitad del pasado siglo XIX, pero se recuperó hacia 1930. Con ello también nacieron frases, cantos y versos dedicados a ellos, quizá el más popular sería la canción que habremos escuchado o leído alguna vez: «el sereno tiene un perro que se llama Capitán, a las once de la noche se ha comido todo el pan. Sereno, las once y media...».

Pese a esas labores de vigilancia, en un primer período, eran los encargados del alumbrado de las farolas. Luego fueron repartiéndose la responsabilidad de la seguridad nocturna entre ambas profesiones, que irían ligadas.

Curiosamente, la mayor parte de los que ejercieron esta actividad eran procedentes de Asturias, que (según la fuente de Quirós Linares, *Oficios y profesiones de los inmigrantes de Cangas del Narcea en Madrid antes de la Guerra Civil*, Archivum, XXI, Oviedo, 1971) ocupaban cerca del 30% de la plantilla en sus inicios hasta alcanzar más del 60% durante los años 1940-1980 (estos últimos datos proceden del Archivo de la Villa de Madrid). Quizá de esta causa procede una frase popular entre ellos: «hay que haber nacido en Asturias para ser sereno», esta cita es en referencia la dureza de la profesión. No se descansaba apenas, no conocían apenas la luz del sol. Psicológicamente es un oficio agotador, solitario, sufriendo las inclemencias del tiempo cada noche.

No era fácil su labor, con un sueldo a menudo muy ajustado a sus necesidades familiares, han tenido diversos problemas en algunas ciudades como Valencia, que en 1954 los vecinos se negaron a pagar a los serenos por sus altas pretensiones y la evidente mejora paulatina del alumbrado moderno. Avances que significaron la desaparición paulatina de la profesión del sereno y su compañero de fatigas durante ciertas horas, el farolero, aunque esta profesión despareció paulatinamente en 1930, conforme iba llegando la electricidad pública.

El farolero siempre ha sido visto como algo mágico, poseedor de leyendas y narraciones de cuentos. Sin ir más lejos existe un episodio en la famosa novela de Antoine Saint Exupéry: *El principito*. Alberga un capítulo dedicado al farolero, se admira su lealtad a la profesión, su magia, donde el farolero es fiel a su tarea de apagar y encender la luz. Un simbolismo del compromiso y la constancia.

Al parecer, según crónicas, fue Felipe V quien ordenó en 1717 la colocación de faroles en las fachadas de los domicilios para combatir la delincuencia nocturna. Pero fue Carlos III en el año 1765

Sereno.

quien a través de una real orden decide instalar un sistema de alumbrado público en Madrid, e instaurar el oficio del farolero. Los dueños de las casas quedaban así liberados del gasto, limpieza y mantenimiento de los faroles, al margen del problema que suponía en gastos de diversos combustibles, desde grasa o betún hasta diferentes tipos de aceites. Madrid disponía entonces de 4.408 faroles.

Parece sencilla la tarea, no obstante, tenía sus riesgos al margen de los problemas de trifulcas nocturnas y otras quimeras: las quemaduras y caídas constantes desde las escaleras. A menudo debía subirse en una escalera para reparar el farol incluso encenderlo, pues con la puya no llegaba o bien existía una cierta dificultad de encender. Su riesgo era la inestabilidad y escaso apoyo de la escalera, con la consiguiente caída.

Quizá es la profesión más cercana a la actividad de la creación de Dios: «hágase la luz». Para vencer las tinieblas de la fuerza oscura. O mirando la balanza al contrario, los portadores de luz, como Lucifer.

Si una profesión tiene más magia, por la humildad de su oficio, la cercanía humana y el posterior éxito en la vida es el de limpiabotas.

Gente que necesitaba ganarse la vida en sus inicios para poder sobrevivir o para obtener unos ahorros. De este oficio proceden muchos personajes ilustres, desde presidentes de naciones, como Lula da Silva (Brasil), actores como Mario Moreno Cantinflas o músicos de gran fama como James Brown, Ozzy Ousborne incluso Malcom X fueron limpiabotas en sus tiempos. ¿Qué tiene de poder mágico esta profesión que parece dar fortuna a muchas personas posteriormente?

Esa habilidad de sacar brillo a los zapatos, de dejarlos con vida, mientras intercambian sus opiniones sobre la subsistencia diaria, hace crear un aura especial entre cliente y empleado. Quizá el cliente siente lástima, se siente como tratado por un esclavo en un acto de prepotencia y recibe las bendiciones inesperadas y agradecimiento de su limpiador, deseando mejor suerte y prosperidad.

A menudo el limpiabotas era un lisiado. Curiosamente en 1921 en la capital del País Vasco, Bilbao, muchos lisiados mostraron una queja formal ante el ayuntamiento de la villa por una competencia ilegal e injusta, muchos se hacían pasar por lisiados para ejercer de limpiabotas. La profesión no era para aventurarse a grandes proyectos, pero sí podía ofrecer la garantía del plato diario en casa. Sobre todo en las ciudades donde carecían de asfaltados, el polvo y barro era constante, y el calzado sufre la suciedad. La humildad del limpiabotas es muy grande, si no lo cree trate de buscar uno, aunque esté retirado y converse con él.

Incluso muchos tienen una vida peculiar, podríamos destacar a un limpiabotas barcelonés, denominado 'el merlín español', Fructuós Canonge (1824-1890).

Tuvo que entrar en el ejército siendo prácticamente un adolescente, que abandonó poco tiempo después. El fallecimiento de su padre le obligó a buscarse unas ganancias para poder subsistir en aquella Barcelona que comenzaba a mostrar un desarrollo vital. Esa profesión era la de limpiabotas antes de convertirse en uno de los ilusionistas más importantes de España, incluso de la historia de la magia y prestidigitación. Y aprendió haciendo trucos con el betún. Magia que aprendía mientras soñaba con los ojos abiertos en su tarea de limpiabotas; tan importante fama alcanza que llega a actuar casi en exclusiva ante monarcas como Isabel II y Alfonso XII.

Apreciaba mucho su profesión, tanto que cuando comenzaron sus giras por Europa incluso durante un destierro en La Habana, le encargó a su hermano que cuidase el puesto de limpiabotas y

Limpiabotas, fotografía del periódico *La Estampa* entre 1930-1934.

siguiera ejerciendo por las calles de Barcelona. Un día a día agitado puesto que llegó a verse cerca del patíbulo, cuando le detuvo la Guardia Civil en las Ramblas, tenía un Consejo de Guerra. Su biografía es extensa. Sólo deseamos mostrar que la profesión de limpiabotas tiene ese aura de fantasía, magia y humildad a aquellos que profesaban este oficio ya desaparecido en nuestros tiempos.

Posiblemente junto al deshollinador, este oficio rezuma más hechizos y encanto que ninguna otra. Lo curioso es que muchos inversores de bolsa, cuando están lustrando sus costosos zapatos, preguntan por la situación social y económica del momento, según observen en su opinión, puede ser momento de vender o comprar acciones.

— 12 —
Campaneros

«Y cuando asomas suenan todos los ríos en mi cuerpo,
sacuden el cielo las campanas, y un himno llena el mundo».

Pablo Neruda

Si hubo un oficio ancestral que estaba más cerca del cielo, sin duda, era el de campanero. Aunque hoy en día se está intentando recuperar a través de entidades culturales esta práctica, sigue siendo una profesión mágica y de un aprendizaje arduo y meticuloso.

Antaño, los campaneros eran solitarios, tenían otra vida, eran los místicos del ritmo de la vida. Cada vez que bajan de su torre, es descender a otro mundo, un lugar que no era al que pertenecían. Se encuentran perdidos, buscan estar unidos al tañido mágico de las campanas, a palpar la correspondiente leyenda de cada una de ellas y sentir en sus manos el frío material fundido de hierro. Desgraciadamente, el idioma sonoro de las campanas se va perdiendo poco a poco. Las campanas están mudas en muchos lugares de nuestra región, a menudo, sustituidas por sonidos electrónicos a través de altavoces. No desaparecerán las campanas, sin embargo es muy posible que desaparezcan los escasos campaneros que aún resisten en pleno siglo XXI.

El ángelus, maitines, ceremonias, hasta aviso de muertes son sus mensajes, escritos con el badajo y dispersada la señal por el pueblo a través del aire, y sus correspondientes habitantes de otra época conocían, en su mayoría, el significado de cada aviso. Incluso, reconocer sonidos de campanas cuyo tañido ha llegado a sanar enfermedades como la locura y otras enfermedades mentales.

Antes de adentrarnos en este mundo, sería interesante hacer una breve sinopsis de la historia de las campanas.

Hasta la fecha, la campana más antigua que se conserva y conoce es la *tintinnabulum* que se remonta a 1100 a.C. Fue localizada por Ansten Henry Loyard en el año 1849 durante una excavación arqueológica en un palacio babilónico de Nimrod; es una pequeña campana de tipo sonajero. Se han encontrado, además, campanas en tumbas egipcias, persas... pero si hablamos de campanas de repique, la más antigua se encuentra en Oviedo (funcionando desde 1219), aunque existe otra en Córdoba del siglo IX, pero fuera de servicio.

Aunque es un elemento presente en casi todas las culturas, fue durante los años 604-605, cuando una práctica canónica ordenó que todas las iglesias deben hacerlas sonar en los oficios divinos. Una normativa que aprobó el papa Sabiniano.

Campanero en la torre de la iglesia de San Gil, en Burgos.
Fotografía de Eustasio Villanueva, entre los años 1913 y 1929.

También era un elemento con un valor psicológico de poder, pues en el año 997, Almanzor transformó las campanas requisadas en la ciudad de Santiago de Compostela en lámparas para la mezquita de Córdoba, que fueron transportadas previamente a hombros por presos cristianos. Muchos años después, Fernando III, hizo lo mismo, pero a la inversa tras la conquista de Córdoba.

Aunque parezca extraño, las campanas estaban prohibidas durante un tiempo salvo para usos religiosos, según una normativa de los concilios celebrados en los años 1584-85 y del año 1590, hasta que en el siglo XVII se levantó este veto para ser un objeto de utilidad pública. Esta prohibición facilitó el ingenio de ciertos personajes mágicos, especialmente en la figura de la bruja o el hechicero que, para espantar el mal, la presencia del diablo en los hogares o cualquier malignidad de su tiempo, hacían sonar un pequeño caldero de cobre con un típico pilón de madera, imitando el sonido celestial de las campanas. Gesto muy inspirado en las influencias de los cuencos y campanas del Tíbet, que producen determinadas vibraciones que nos permiten acceder a otros estados de conciencia y a la purificación del entorno. El trabajo de los campaneros era un oficio divino, meticuloso y dogmático dentro de la jerarquía religiosa, pero pasó con el tiempo a desempeñarlo los seglares, que lograron influir en las organizaciones religiosas incluso las civiles. En este oficio, es sumamente complicada la existencia de una escuela, por ello, ha pasado de padres a hijos y ha sido habitual que se compaginara con otra actividad, en especial durante las últimas décadas. El aprendizaje de campanero se hacía observando a los expertos y mayores, y esto no se lograba en días, sino a lo largo de muchos años. La causa de esto era la dificultad de realizar ensayos, no podían hacer tañer un sonido erróneo y que llegue a provocar la confusión en la ciudad o pueblo. Muchos campaneros estuvieron años ejerciendo, sin embargo, nunca lograron dominar el oficio, por la dificultad auditiva, había que ser sensible a nivel sonoro. Además, los daños que ocasionaría en el órgano sensorial la larga exposición de esos tremendos tañidos, iban deteriorando la calidad auditiva.

Los campaneros, se aferraban a su mágico oficio hasta bien entrados de años; serían capaces de estar junto a su amada campana hasta el último momento, pero existía una decadencia física que les impedía, a la mayoría, subir los numerosos escalones para alcanzar la torre, con el riesgo presente de accidentes debido a la dificultad física. A ello añadimos que era bastante peligrosa: existen varios archivos que nos narran diversas muertes de campaneros, no solo por caídas accidentales, sino por la caída de un rayo, falleciendo electrocutados.

A veces no era fácil desempeñar la labor, tenía sus problemas ajenos. En Valencia, el arzobispo Fabián y Fuero (arzobispo en Valencia desde 1773 a 1795), decidió regular el toque de las campanas en la ciudad en el año 1790, aplicando unas normas taxativas, por varias causas realmente llamativas: una era el dolor de cabeza que ocasionaba a muchos enfermos que se encontraban cerca de los campanarios, hasta las dificultades de entender un diálogo bajo el escándalo metálico de las campanas en los mercados incluso en los tribunales de justicia. Su norma era de cinco minutos como máxima duración

Campanero, ilustración de Miguel Zorita para este libro.

de toque, porque con ese tiempo, el arzobispo consideraba que era más que suficiente para comunicar a la ciudad el mensaje pertinente a través de las campanas.

Dijo un religioso americano durante una publicación católica que: «El diablo odia todo lo que es bello y las campanas son usadas específicamente para llamar la atención sobre la adoración divina de Dios. Los demonios odian las campanas, que yo uso en sesiones [de exorcismo] todo el tiempo». (*National Registrer Catolic*, octubre 2019).

No le falta razón, no es de ahora su uso. Siempre ha sido la campana un elemento en la lucha contra el maligno, y siempre el campanero tenía un aura de exorcista que protegía a la ciudad de cierta forma. Incluso en la creencia islámica servía también para ahuyentar malos espíritus, pero también a los benévolos. Creen que el repique ahuyenta a los espíritus del paraíso, por ese motivo, si observamos bien, los alminares árabes no tienen campanas, sólo las espadañas, ermitas y las torres de iglesias cristianas tenían la campana visible, incluso muchos ayuntamientos. Las campanas no solo servían como herramienta de exorcismo y para espantar al diablo, a las brujas también se les atemorizaba con el tañido, si estaban volando por los aires, el diablo podía dejarlas caer en el mismo lugar que escucha el sonido de la campana. Por ello existe una popular frase entre los más mayores de muchas localidades del interior y aisladas de los grandes núcleos urbanos: «no hay campana sin bruja».

Al margen de toda la historia y anécdotas supersticiosas, debemos conocer un manual básico de tipos de toques de campanas, sin profundizar en exceso. lo resumimos de la siguiente forma:

- Toque religioso diario: inicio de jornada laboral, ángelus, descanso, misa incluso hora de comida…
- Toque religioso no diario: muerte, agonía (para que los fieles rezasen por el agonizante), rosario, ánimas, muerte de cargo eclesiástico importante o muerte del papa…
- Toque de índole civil: en este caso es el ritmo de horas, una convocatoria, apertura y cierre de puertas de la ciudad (en Valencia funcionaba así cuando estaba cerrada por una muralla y sus doce puertas), una alarma por fuego o guerra, toque de queda y algo más especial que ya hemos tratado en páginas anteriores, toque de tormentas o de conjuros.

A menudo, las campanas y sus campaneros no forman parte de unos ritos. Aunque no existe una base fiable de su origen, en la bella localidad valenciana de Castielfabib existe el hombre-campana.

Es una actividad de índole festiva, en la que un hombre se aferra fuertemente a la campana de la iglesia de Nuestra Señora de los Ángeles, debe resistir el volteo. Según algunos habitantes me relataron que algunos han llegado a resistir más de 70 vueltas y el tope estaría a poco más de cien volteos humanos.

Un rito considerado ancestral, aunque sin base histórica, no existe una documentación fidedigna que confirme un origen. Aunque es posible que se haya realizado en ocasiones durante siglos anteriores como un rito de iniciación, especialmente por los jóvenes, que tras arriesgarse al volteo humano pasan a ser hombres de derecho. Curiosamente, a pesar de tremendo riesgo y la caída libre siempre rozando la tragedia, nunca ha existido accidente, debe ser que las campanas aún conservan ese prodigio mágico en sus tañidos y materiales.

Campanero, fotografía del periódico *La Estampa* entre 1930-1934.

— 13 —
Los ensalmadores o *tornabraços*

«La medicina es el arte de acompañar
al sepulcro con palabras griegas».
Enrique Poncela (Dramaturgo 1901-1952)

Estos se encargaban de recomponer y colocar en su lugar los huesos, desencajados o rotos, mediante tablas o poleas. Normalmente se trataba de hombres fuertes físicamente por las manipulaciones que debían realizar, por lo que se elegía al herrero, al artesano o al obrero. No existía anestesia por lo que el sufrimiento del enfermo era atroz, y cuando no había solución, por ejemplo en casos de fracturas múltiples, se decidía por amputar directamente el miembro afectado. Por tanto, estamos ante los quiroprácticos o traumatólogos de la época medieval.

Tal y como los define la Real Academia Española, el ensalmador es la persona que tenía por oficio componer los huesos dislocados o rotos, y que curaba con ensalmos.

La actividad de los ensalmadores en un principio debía venir controlada por los protomédicos, aunque posteriormente se suprimió y fueron sometidos a la misma vigilancia que el resto de los curanderos. Es interesante recalcar que en el siglo XV aparece en España la institución del *protomedicato*, que consistía en un tribunal de protomédicos y examinadores, que determinaban y concedían las licencias para poder ejercer la medicina o sanar, podríamos considerarlo como el antecedente de los colegios profesionales actuales. Sus funciones son similares a las que ejerce un colegio profesional, es decir, evitar el intrusismo, la mala praxis, otorgar licencias para el ejercicio de la profesión, etc.

El origen de la fiscalización de los ensalmadores se debe a la utilización, por parte de algunos de ellos, de ensalmos, es decir, ritos, conjuros u oraciones que acompañaban a la manipulación de los huesos del paciente, lo que hizo sospechar, a parte de la Iglesia, de cierta vinculación con ritos supersticiosos más que un medio para acercarse a Dios. Se consideraba que esos ensalmos eran más bien fórmulas mágico-medicinales, aunque fueron socialmente aceptados en la mayoría de los casos. Todavía hoy en día, nos encontramos con personas que utilizan esos ritos u oraciones, acompañadas de cierta manipulación para sanar. Dicha sabiduría u oración se transmite de padres a hijos, en diferentes días señalados como Jueves y Viernes Santo.

Junto a los *tornabraços,* que arreglaban brazos y piernas dislocados o dañados, también estaban los *exarmadores* que sanaban los dolores de garganta y los saludadores, de los que hemos dedicado un capítulo entero en este libro, y que limpiaban los aires de impurezas, curaban la rabia y con sus virtudes mágicas repartían bendiciones y bienaventuranzas. Es necesario indicar que el recurso a esta medicina popular, y en la mayoría de los casos crédula por los lugareños, no era mal vista ni perseguida; de hecho en ciudades como Gandía, Alcoy, Alcira o Castellón no existen ordenanzas de persecución de tales prácticas en particular ni del curanderismo en general. Incluso la ciudad de Valencia subvencionaba a quienes, de esta forma, podían ayudar o remediar a las personas que venían aquejadas de algún mal. Hay que tener presente que en sus actos no recurrían a artes maliciosas ni sortilegios, por lo que la reminiscencia diabólica no tenía cabida; de esta forma los inquisidores no veían malas artes en sus actuaciones, al contrario consideran que realizaban un bien a la sociedad por medio de la gracia divina con la que estaban dotados.

Los *tornabraços* o ensalmadores eran por tanto, no solo, especialistas en torceduras sino que hay que englobar dentro de sus amplias prácticas, las dislocaciones, esguinces, luxaciones, distensiones o cualquier daño causado por traumatismo. La localización de tales personas, aun hoy en día, se localizan por toda la Comunidad Valenciana, con la curiosidad que tienen como zonas asignadas, y es muy extraño que más de uno ejerza en un mismo lugar. Como me he referido anteriormente, su habilidad para sanar

Ensalmador o *tornabraços*, fotografía del periódico *La Estampa* entre 1930-1934.

nada tiene que ver con lo esotérico y oculto sino más bien con el desarrollo de una habilidad manual con una eficacia directa. Especial cuidado con la fracturas o lesiones articulares graves donde no pueden dar solución porque escapa a sus aptitudes, por lo que en tales casos es susceptible la equivocación en un diagnóstico; suelen centrarse más en esguinces, torceduras o distensiones, donde no suelen cometer muchos desaguisados y prestan unos servicios reales y efectivos. En este sentido, los ensalmadores o *tornabraços* suelen ser objetivos, y si descubren algún tipo de daño óseo, y que por tanto ellos no pueden solucionar, dirigen al enfermo al médico para que le dé solución. Así ocurrió en el caso de un testimonio real quien al ver que el mal era gordo, al tocarle le dijo: «Yo no te puedo curar esto, tienen que operarte». Sigue relatando tal persona que «con otro hombre me ocurrió lo mismo, al verle me di cuenta de que no era cosa mía. Yo no entiendo, no sé nada de curanderos, lo que puedo decir es que al poner la mano sobre el mal, ya sé si es cosa mía o no».

Los podemos dividir en tres grandes grupos: en primer lugar los que dotados de una gracia divina (se dice que lloraron dentro del vientre materno antes de nacer) se dedican a recomponer los huesos dislocados o rotos a las personas (ensalmar), en ocasiones mediante la utilización de ensalmos; en segundo lugar los que utilizan dicha gracia divina para recomponer los huesos del ganado y poco a poco lo fueron aplicando a las personas; y en tercer lugar se encuentran los que teniendo ambas gracias, decidieron dedicarse a la medicina y profundizar en tales conocimientos.

El procedimiento que siguen es de lo más variado según la zona en la que actúen, en ocasiones necesitan un pequeño plato con aceite de oliva, en otras un poco de crema, o incluso su propia saliva. A continuación de poner el ungüento, suelen recitar una oración. También era habitual que con tal de soportar el dolor que la manipulación conllevaba, le dieran al enfermo una copa de coñac o whisky, de esta forma se aliviaba el sufrimiento. En la Comunidad Valenciana abundan los *tornabraços* o ensalmadores. De esta forma, podemos indicar que en casi todos los pueblos había uno, y sí, digo había, porque lamentablemente cada vez van quedando menos por lo que recopilar testimonios reales cada vez es más complicado, siendo necesario que esa sabiduría ancestral perdure.

Como me he referido, lo habitual es que se rece una oración mientras se le realiza la cura al enfermo; una de estas oraciones, como afirma Francisco Seijo Alonso, para contusiones, dislocaciones de huesos o *ralajamiento* de pecho, dice así:

«Jesús nació, Jesús bautizado, Jesús sufrió pasión y muerte, Jesús resucitó y ascendió a los cielos, Jesús está sentado a la diestra de Dios Padre y desde allí vendrá a juzgar a los vivos y a los muertos. Por estas grandes verdades y por el valor y confianza que inspiran a los cristianos, que estas contusiones de (nombre del enfermo) o dislocaciones, etc. sean curadas, como lo fueron las heridas de sus divinas sienes y costados». Como podemos observar, el recurso a la oración cristiana está presente en muchos de estos trabajos, al igual que los oracioneros, los sanadores de empachos, los saludadores, etc. y es por ello por lo que la Iglesia se mostró indulgente con tales prácticas, ya que entendían que venían dotados de una gracia divina en la que no podía interceder. Es por ello por lo que no solo se empleaba la oración sino también los conjuros y los ensalmos, siendo una práctica enormemente extendida en diversas épocas y culturas, ya que casi todos los curanderos los utilizan en sus ceremonias curativas, si bien, bajo mi punto de vista, los ensalmadores o *tornabraços*, no entran dentro del grupo del curanderismo más estricto.

El hecho de recurrir a una oración cristiana, como he dicho anteriormente, otorga el beneplácito de la Iglesia, como queda demostrado en el proceso que se siguió frente al valenciano Francesch Navarro en el siglo xvi, en la Real Audiencia de Valencia. El proceso finalizó el 18 de marzo de 1596, sentenciando que el curandero podía ejercer libremente su actividad en la ciudad de Valencia por entender que no hacía mal a nadie y al haberse comprobado que las oraciones que decía eran católicas. La indulgencia en este caso también se vio reforzada porque no utilizaba ensalmos, ni ungüentos para sus curaciones ya que, si lo hubiera hecho, casi con total seguridad la sentencia no hubiera sido tan benigna.

— 14 —
Los mamadores o mamones

«Los mamadores que sacaban la leche a las mujeres eran personas desdentadas y estaban mal vistas».
Carmelo Urdangarin (1932, escritor y articulista)

En la actualidad, cuando nos referimos alguien con la expresión «eres un mamón», lo estamos haciendo en un tono despectivo o de desprecio, es decir como que la persona interfecta se sirve de la confianza y voluntad de los otros para la obtención de un beneficio propio. Se puede considerar que forma parte del gran elenco de insultos que nuestro idioma castellano nos regala y, sin embargo, sus raíces no son tan sombrías. De esta forma, los mamones o mamadores existieron en nuestra península hasta mediados del siglo XX, teniendo un cierto rechazo en la sociedad, pero llevando a cabo una labor necesaria.

Es curioso pero mamones han existido siempre, y no nos referimos a ello en tono peyorativo, pero tenemos como ejemplo al dios Zeus, quien fue amamantado por la cabra Amaltea o el personaje sumerio Enkidu, amamantado por una loba al igual que Rómulo y Remo. Sin embargo, poca gente sabe que los mamadores también fueron los ejercientes de un oficio, cuyos orígenes los podemos encontrar en la Edad Media. Era habitual en aquella época, y durante la Edad Moderna, la figura de la nodriza, cuya figura se fue generalizando en todas las clases sociales, no siendo algo exclusivo de la realeza y la nobleza, como podemos pensar.

Los mamadores, también conocidos como *xucladors*, *tirapits*, sacaleches, o *izaiñak*, poco a poco, fueron teniendo mayor relevancia en nuestro país.

La profesión de mamador era ejercida principalmente por hombres, aunque también podían ser mujeres, bajo nuestro punto de vista menos pudoroso, teniendo en cuenta el oficio que practicaban. Se trataba de personas de avanzada edad, desdentadas, quienes a modo de higiene, como una especie de antiséptico, ingerían y hacían enjuagues bucales con una copa de coñac o whisky para posteriormente proceder a succionar el pezón de la mama (de ahí su denominación) de la parturienta para sacar la leche materna. En la mayoría de los casos, este oficio se ejercía en total clandestinidad a pesar de

Mamadores, Museo Arqueológico Napoli-Pompeia.

estar reconocido y tener el beneplácito de la Iglesia, y la correspondiente autorización del párroco del lugar.

Según la tradición popular, se decía que para este tipo de trabajos se utilizaban cachorros de perro, aunque después de hacer el trabajo se les debía dar muerte puesto que se entendía que el perro, al beber la leche materna, corría el riesgo de que contrajera la rabia, pudiendo ser peor el remedio que la enfermedad.

La actuación de los mamadores se debía, normalmente, en caso de que la parturienta hubiera perdido al hijo después de nacer requiriendo de una ayuda externa para poder sacar la leche que había generado y que provocaba tal dolor de pecho que necesitaba de alguien que la auxiliara. También podían actuar en caso de que el pezón tuviera algún tipo de obstrucción de los conductos lactíferos que la fuerza succionadora del bebé no hiciera posible su desaparición necesitando para ello de una boca 'experta' y con mayor fuerza para tal tarea. También podían actuar cuando había algún tipo de infección mamaria (mastitis) o bien por un exceso de leche y que producía una turgencia mamaria que era necesario solucionar. Y lo más curioso es que esa leche que succionaban se la bebían, ya que era un alimento muy valorado y altamente nutritivo, salvo en casos de mastitis o inflamaciones mamarias, en los que escupían la leche.

Es curioso, según la tradición popular, que en diferentes pueblos y aldeas de Cataluña, los mamadores se anunciaban a gritos en los años 30, al son de la siguiente retahíla *es xuclen pits i es lloguen carretours* (se chupan pechos y se alquilan coches de niño).

Los mamadores actuaban con carácter subsidiario, es decir si no había más remedio, no se tenía a gente de la familia que pudiera succionar la leche o niños que pudieran llevar a cabo tal tarea. No obstante, también se solía recurrir a oraciones y demás actos de superstición para estas tareas como por ejemplo cuenta el autor Joaquín Díaz González, en la revista *Folklore* número 353 en el año 2011, «… para que la leche bajara bien se decían unas oraciones tres veces al día, pero nunca en día lluvioso porque de otro modo la leche saldría poco nutritiva o aguada. Si al niño le empezaba a sentar mal la leche, la madre le colocaba para darle el pecho de forma que su cuerpo y el del infante formaran una especie de cruz; si se ahogaba al mamar se le colocaba a la cintura una cuerda de siete nudos; si vomitaba se le colgaba al cuello una llave de hierro o bien se metía esa misma llave en un plato de leche animal, pero siempre que fuese una llave hueca; si el niño lloraba puntualmente a la misma hora se consideraba la posibilidad de que hubiese sido aojado por alguna mala persona con poderes y para remediar eso se obligaba a la madre e hijo a llevar la correa de san Agustín, contra brujas y aojadores. Cuando se quería destetar al niño se le colocaba debajo de la cuna un huevo para que lo prefiriera como alimento y empezara a olvidar la leche materna. En otros casos se encendía un fuego con leña de higuera verde y allí se echaba la leche sobrante de la madre, con cuidado de no echarla fuera porque decían que donde se arrojara crecerían unos seres, mitad hombrecillos mitad bestias...».

Es interesante como el autor, rescatando esa sabiduría ancestral de nuestro folclore, hace referencia a varios temas que tienen esa connotación con la brujería y por lo que al final, se trata de oficios que algo tienen que ver con ella. Así, se refiere al aojamiento o mal de ojo, y también a la creación de homúnculos si la leche materna caía fuera de la hoguera. Recordemos que los homúnculos eran seres antropomorfos creados de forma artificial en laboratorios de alquimistas como Paracelso o el marqués de Villena, cuyos ingredientes eran principalmente cualquier líquido humano generador de vida como semen, sangre o en este caso leche materna.

En la actualidad ya no existen mamadores pero no debemos olvidar que los hubo y más cerca de nosotros de lo que podemos imaginar; por ejemplo en la población alicantina de Jijona (Alicante) vivió un mamador conocido por todo el pueblo como el Cucala.

— 15 —
Ajusticiadores

«Más mata una mala lengua que las manos del verdugo,
el verdugo mata a un hombre pero una mala lengua, a muchos».

Melchor de Palau

Para bien o para mal. Es una profesión odiada, temida y, frecuentemente, solicitada en cada momento oportuno de la historia.

La profesión del verdugo pensará que nada de mágico debe tener para ocupar estas páginas. Y debemos indicarle que sí. Su figura está cargada de muchos elementos esotéricos, de superstición y supercherías en sus labores. Una profesión rodeada con un aura de misterio y hermetismo.

En las páginas de la historia siempre encontraremos situaciones que han aplicado castigos físicos o la pena de muerte. Y, para ejercer estos dictámenes judiciales o por los cabecillas locales, hacía falta un personaje que hiciera la ingrata labor de hacer sufrir al condenado o bien quitarle la vida delante de las autoridades correspondientes o el pueblo, según crean conveniente.

La tarea era un macabro espectáculo. En todos los sentidos. Si el castigo era público, disfrutaba la plebe en su medida, jaleando al verdugo para cumplir su labor. El verdugo, pese a todo lo que rodea su figura, no podía cargar su propio padecimiento, con esto se ganaba su vida.

Ser verdugo era un estigma generacional perpetuo, una profesión que pasaba de padres a hijos, enseñándoles el arte de ejecutar al reo o hacerle sufrir los tormentos físicos. No había escuela ni formación para esto. Tradicionalmente es una triste labor hereditaria.

Tan cerrado es el círculo de verdugos que sólo se casaban entre familias de su misma profesión. Nadie o muy pocos personajes deseaban unirse en matrimonio con una descendencia de ejecutores y torturadores, al menos hasta los últimos verdugos del siglo XIX. Estaba mal visto este tipo de matrimonio incluso se consideraba blasfemo y de mal agüero.

Dado el profundo conocimiento de nuestra zona de la región de Levante, la denominación oficial era ajusticiadores. La palabra verdugo se refiere a la capucha que cubría su rostro, sin embargo, casi toda la población conocía al personaje, por lo que taparse era una opción que pocas veces se aplicaba, era una mera formalidad. Incluso también se denominaba de la forma a la vara usada para fustigar a los reos, aunque también la utilizaban para señalar algún objeto.

Verdugo, ilustración de Miguel Zorita para este libro.

Esto último era un serio problema en la superstición del mercader, el verdugo no podía tocar su género bajo ningún concepto, era un ser impuro y convertiría 'espiritualmente' contaminado el producto, lo cual debía quitar de su venta si llegase a tocarlo con sus manos. Lo mismo sucedía cuando llegaba la hora de pagar, había que tener cuidado con el contacto físico, prácticamente no debe existir. Normalmente, el ajusticiador, dejaba caer las monedas sobre la mano del comerciante o sobre un cuenco vacío. Posteriormente, antes de coger ese dinero, el mercader debía hacer la señal de la cruz tres veces sobre ellas, pues era un dinero maldito, era dinero manchado en sangre. Costaba mucho aceptar las compras de un verdugo, incluso de su familia.

Lo admisible de su profesión, era su sueldo, hasta mediado del siglo XIX, que poco a poco fueron reduciendo sus privilegios por las quejas de los ciudadanos y las discusiones moralizantes respecto al reo ejecutado. Hasta aquellas fechas se ganaba un salario aceptable para retirarse con una vida digna en cualquier momento, aunque sea en soledad, incluso podían recibir alguna que otra comisión de las autoridades y encontrarse otros beneficios económicos con su labor.

Los verdugos valencianos cobraban según la tarea a realizar, desde el servicio de horca, quemar, degollar, azotar, desorejar, descender el ahorcado, descuartizar o trasladar el cadáver, entre otros servicios relacionados, incluso enterrar suicidas. Destaca una labor de 'quemar en efigie', donde los encausados ausentes que eran condenados a pena de muerte pero, lógicamente, por el hecho mismo de no haberlos podido ubicar, se les condenaba en efigie, es decir sólo se relajaban sus estatuas, de modo que lo que sucedía es que terminaban quemando un muñeco del tamaño de un ser humano en representación del ausente.

Si observa bien, se percatará de descender el ahorcado, por una simple razón: cuando se ejecutaba en la plaza del Mercat de Valencia a un reo en la horca, nadie quería hacerse cargo del finado, ni siquiera su familia o conocidos, ya que suponía una humillación y rechazo social en la ciudad, casi mejor resignarse e irse del lugar.

La mejor opción era pagar al verdugo para esa tarea o, en caso de no disponer de dinero, dejarlo a su suerte colgado durante varios días. Un extra que encontraba el verdugo junto a propinas de los comerciantes que estaban alrededor o cerca del patíbulo, pues gracias al revuelo que ocasionaba cada ejecución, los mercaderes llegaban a ganar el doble o triple en ventas gracias al espectáculo de la Inquisición y de la función del verdugo.

A menudo debían llevar los restos del ejecutado a un lugar de enterramiento, siempre que nadie los reclame o las autoridades no dicten otra nueva sentencia. En Valencia ciudad, por ejemplo, se trasladaba el cadáver del ejecutado a un cementerio, cuya tierra está sin consagrar ni bendecir. Hoy en día existe ese lugar, actualmente sin restos humanos: el cementerio de los ajusticiados del barranco de Carraixet en la localidad de Tabernes Blanques. Actualmente no existen restos humanos, pues la riada de Valencia acontecida en 1957 arrasó prácticamente con el lugar. Allí se volvía a dejar al reo ahorcado en un nuevo patíbulo, hasta que sus huesos caigan al suelo.

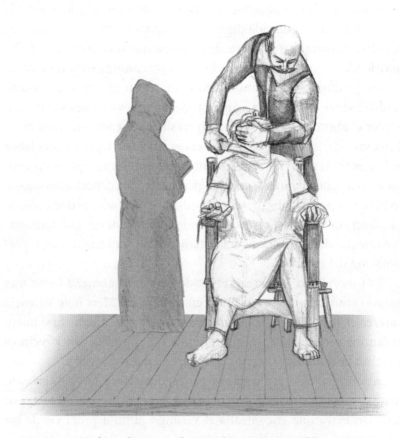

Verdugo, ilustración de Miguel Zorita para este libro.

¿Cómo era un proceso de ejecutar a un malhechor?

Sin duda era todo un ritual, como si de una dádiva ofrecida a los dioses se tratara. Un rito de sangre. Algo que la humanidad siempre ha hecho a lo largo de su historia, bien en forma humana o animal.

Normalmente los principales delitos cometidos por los sentenciados eran por homicidio, robos en iglesias, falsificaciones de moneda y sodomía.

El ajusticiador, según la orden encomendada y el tipo de sentencia, debía preparar el patíbulo, buscar material para la combustión y trasladar los instrumentos de tortura. La víspera de la ejecución debía visitar al personaje sentenciado en la celda para pedirle perdón por tener que quitarle la vida. La cara del futuro sentenciado debía ser un poema, o se podía dar el caso que muchos de ellos les lanzara alguna que otra maldición. Sin embargo, el verdugo tenía la bendición de la Iglesia, según parece era inmune a las maldiciones. Incluso, se podía dar el caso de que las autoridades, dado el buen talante y resignación del preso junto a la aceptación de su sentencia, pudieran tomarse juntos unas jarras de vino la víspera a su ejecución. Lo llamativo es que tras unos buenos momentos, cuando el reo va camino del cadalso, recibirá los insultos más denigrantes por parte del verdugo. Era un auténtico especialista en lanzar injurias jaleado por el público, una nomenclatura de insultos y desprecios.

Cuando se avisaba a la población de un acto de ejecución pública (la última ejecución pública tuvo lugar en Murcia el 29 octubre de 1893 con la ejecución en garrote vil a Josefa Gómez, conocida por el caso del 'crimen de La Perla'), la ciudad lo celebraba a lo grande, como si de un gran evento se tratase; lo jaleaban y disfrutaban, aunque también había algunos momentos de tensión que defendían la inocencia de sentenciado. Todos querían ver la muerte en directo. Aquí es donde comienza la superchería, la creencia en virtudes mágicas de este macabro mundo.

Era habitual, cuando se realizaba un acto de fe, se incluía un exorcismo al reo, existía un temor ante las posibles venganzas desde el más allá. Se ponía de rodillas y el inquisidor recitaba la siguiente oración ritual:

«Exorcizo Te, inmunde Spiritus, per Deum patrem, et per Jesu Cristum filium euis, et spiritum sanctus, tu recebas ad his familis, et famulabus...» (Joseph del Olmo, *Relación del auto de fe*, 1680). Luego se procede a cumplir la sentencia.

Quizá el método más solicitado por la plebe era la decapitación o el terrible castigo de recibir latigazos. Por un motivo: la sangre de los ejecutados tenía virtudes y poderes curativos, por eso la gente trababa de acercarse al patíbulo lo máximo posible, para ser salpicado con la sangre que pudiera saltar.

Por extraño que parezca, hasta la orina que no lograba controlar y el semen del mismo, tenía esa misteriosa virtud de sanar muchas enfermedades.

Si la labor era la horca, no había mucho que disfrutar en esta cruel ceremonia, sólo el verdugo debía estar atento a la agonía del ahorcado.

La cuerda de la horca debía ser proporcional al peso del reo, cuyo nudo debía de ubicarse en la parte inferior izquierda de la mandíbula, que facilitase la presión sobre la carótida y arterias del riego cerebral. Esto producía una lenta muerte, cerca de quince minutos podía durar la agonía. Estar colgado de la horca era un momento dantesco y su angustia era un cruel tormento que no toleraba el verdugo ni el populacho. El verdugo se subía a hombros del reo para tener más peso y así tener una muerte más rápida o bien colgarse de las piernas. Un triste favor para acabar con ese instante morboso.

La condena para morir en la horca, es considerada una afrenta, denigración y humillación. Siempre ha sido juzgada como una muerte maldita, pues los ejecutados no encontrarían el descanso eterno tras su sacrificio. Tan imponente era la afrenta de la horca, que no se imponía a los nobles, a estos habitualmente se les decapitaba, hasta que se comenzó a usar las armas de fuego.

La tarea del verdugo no acaba aquí ni tampoco enterrando si la norma le obligara a ello. Tenía más oportunidades de ganar dinero. El vulgo otorgaba enormes prodigios a la sangre del ejecutado, a los instrumentos usados por el verdugo incluso al cuerpo del penado.

Se consideraban reliquias las partes corporales. Otorgaban poderes mágicos de protección, buena fortuna y facultades maravillosas. Para ello, el verdugo, tenía el privilegio y prioridad sobre el cadáver. Podía cortar unos dedos, llevarse una mano, arrancarle los dientes, una oreja, la lengua, quitarle la ropa o algo más terrible, quitarle la grasa del cuerpo si tras la ejecución debía descuartizar al cadáver para disponer esas partes en cruces de camino o puntos de acceso a la ciudad, como un aviso a visitantes malhechores que lo que puede suceder si se saltan las leyes. Además, con la grasa humana se solía hacer algunas velas o ungüentos mágicos.

Todo esto último citado, no era el verdugo el responsable de venderlo. Se lo llevaba a su hogar o cuarto particular de las cárceles. Se encargaría de vender o distribuir estas reliquias a través de un morboso mercado negro protegido por la oscuridad de la noche para respetar la intimidad del comprador. Actividad que solían hacer habitualmente la esposa del verdugo o su madre. Personajes femeninos que eran vistas como posibles sanadoras o brujas. Las autoridades conocían esta actividad, los clientes eran precisamente ellos y personas que formaban parte de la alta sociedad local. Personas que tenían miedo de perder su estatus social, por ello recurrían a toda reliquia disponible para su protección, no importaba si era religiosa o procedía de la creencia del folclore de un ejecutado.

Si algo es poderosamente llamativo es la 'mano de Gloria'. Una reliquia codiciada por muchos, se empleaba como talismán. Cuya mano pertenecía a un reo ejecutado. Cuanto mayor era el delito cometido, mayor sería su poder mágico de protección y bonanza. Esta parte del cuerpo requería un proceso muy escrupuloso y complicado. Tras cortar la mano al reo, el verdugo recogía esa mano con esmero, para iniciar un proceso de momificación. La mano se encurtía en sal y orina, para ahumarla posteriormente. En algunas regiones, la mano, se dejaba colgada unos días (normalmente dos o tres días) en un roble o encina. No está de más recordar que este tipo de árboles eran considerados sagrados por culturas anteriores al cristianismo. Tras ese periodo colgado en la naturaleza, se procedía a dejarla al menos una noche colgada en la puerta de una iglesia.

Para reforzar esa efectividad mágica de la mano, había que colocar una vela en la palma de la mano o sobre las yemas de los dedos. Pero no una vela cualquiera, sino unas elaboradas con la grasa del propio ejecutado o de un niño muerto al nacer. Un rito extraño que en pocas regiones nacionales han dejado su huella, perdón, su mano.

Esta reliquia era muy solicitada por ladrones o personajes dedicados al bandolerismo, a menudo la llevaban encima, escondida entre sus bolsas o bandoleras. Cuando entraban a robar recitaban una oración de protección, normalmente esta era la habitual:

«Que aquellos que duermen caigan en sueño profundo, que aquellos que están despiertos mantengan su vigilia. ¡Oh! mano de la Gloria, brilla con tu luz, guíanos a nuestro botín esta noche».

Los utensilios de tortura formaban parte de ese mundo esotérico, de un paradigma simbólico: cuchillos, machetes, cuerda de esparto de la horca, incluso el collar de hierro del garrote vil, se cambiaban cada tres usos, pues se pensaba que podían quedar impregnados del espíritu del muerto dichos instrumentos, siendo considerados objetos malditos si no se procedía a los cambios recomendables. Esta práctica no siempre se hacía, según algunos aportes históricos en el área de la capital valenciana sí era habitual eliminarlos. Quizá la prueba está en la ausencia y escasa conservación de elementos de tortura y ejecución originales.

El verdugo tenía una virtud de conocer anatomía, no por estudio, sino por haber visto cuerpos mutilados, ver las entrañas y conocer bien articulaciones y puntos de dolor en el ser humano, además era un conocimiento que debía aprender de alguna forma para poder ser verdugo. Por esa causa, a menudo era consultado como un

Fotografía del periódico *La Estampa*. Hogar del último verdugo público de España en Valencia, de nombre Pascual Ten Molina.

curandero debido a ese profundo conocimiento anatómico; podía ejercer para sanar alguna fractura ósea, era todo un especialista en recomponer huesos rotos.

He mencionado 'profundo', es cierto desde mi observación, su destreza en el despiece del cuerpo ejecutado le facilitaba la observación de las entrañas y las partes óseas. De ahí su conocimiento, aunque tosco, del tratamiento de articulaciones.

Antonio López Sierra (1913-1986) perdurará en la historia como el último ejecutor que dio muerte en España por garrote vil. Entre sus víctimas se encuentra Pilar Prades (la envenenadora de Valencia), José María Jarabo y el último ejecutado en España, el anarquista Salvador Puig Antich. Mientras, el ejecutor Pascual Ten Molina, fue el último verdugo público, cuyo acto tuvo lugar en Murcia el 29 octubre de 1893 en Murcia. Aunque en nuestra opinión, poco que ver con los viejos pasos a realizar ante una ejecución por los verdugos de siglos anteriores. Estos últimos sí que eran mágicos y extravagantes.

No hay duda de que el verdugo era un oficio peculiar, a pesar de su salvajismo, tenía un motivo mágico en su proceso, un encargo de reliquias, de rituales y para ello debía esmerarse en su labor.

— 16 —
Iluminados contra los demonios

«...estás embarazada por el diablo...».
Rosa Fernández a su hija (Caso Almansa 18-09-1990)

Es probable que haya entendido bien el título de este breve capítulo. Son los personajes o practicantes de unos ritos para expulsar demonios y posesiones, un exorcista no teólogo.

Los exorcismos existen, sí por supuesto, como parte de la liturgia cristiana.

No deseamos adentrarnos en la figura del exorcista católico, bastantes referencias bibliográficas existen y de calidad para descubrir esta actividad que lucha contra las supuestas posesiones demoníacas o males aplicados a través de magia negra. Supuestamente, ellos son los expertos y autorizados para usar este tipo de ritos.

Pero, ¿qué sucede si el exorcista no es un miembro de la curia eclesiástica? ¿Pueden exorcizar personas que son curanderos, hechiceros, saludadores u otro oficio vinculado con la magia ancestral?

Aquí surge de nuevo la figura del brujo o bruja, incluso de la hechicera, dado que confían los supuestos poseídos en sus conocimientos en la lucha contra el maligno. Al igual que ofrecen sus servicios como dadores de salud. En páginas anteriores hemos citado que curanderos, saludadores, hechiceros... tienen también la extraña virtud de expulsar el demonio del cuerpo del afectado.

Cada uno tiene su propio ritual, muy alejado del clásico rito católico, salvo por las invocaciones y oraciones que se citan, implorando la presencia y ayuda a diversas figuras religiosas, especialmente, Jesús, María y san Miguel.

En nuestra opinión, el endemoniado no existe, salvo si se induce a ello a personas muy sugestivas y extremadamente católicas. Entonces ellos creen que están poseídos, son los que los sienten dentro de su cuerpo, el mal en su interior y claman por su expulsión. Las supercherías, creencias rurales e ignorancia hacen el resto.

Antes de recurrir a estos extremos, la mayor parte de las personas tenían sus propias precauciones personales basadas en la fe, la tradición y los consejos que reciben de muchos curanderos; esas medidas que mencionamos están basadas en fetichismo: amuletos, talismanes, medallas, estampas…

Incluso esos mismos curanderos-exorcistas recomendaban poner algunas estampas en las ventanas, quemar plantas aromáticas como romero o lavanda, o hacer una cruz hecha de una planta considerada protectora: ruda.

Exorcismo, ilustración de Miguel Zorita para este libro.

Eran los primeros remedios para un supuesto endemoniado, mantener alejado del hogar al diablo. De evolucionar la posesión, el contagiado diabólico, se le sometía a algunos brebajes basados en beleño (la hierba de las brujas), menta, altramuz entre otras variedades. A menudo el curandero solía colocar alrededor del cuello del endemoniado una cinta de color rojo con unas hierbas agregadas a la misma.

Toda la parafernalia variaba según la región, la formación del curandero y la creencia popular del 'cómo puede entrar el demonio en nuestras vidas' que va desde el bostezo (hay que hacer siete cruces delante de la boca abierta), que los niños jueguen con rosarios u otros elementos religiosos (no se puede jugar con algo tan serio de sus creencias), interpretación de sueños (algunos sueños indican mal de ojo, embrujamiento...) o comer solo, tanto en su propia casa como en una taberna con cubiertos sobrantes (los puede ocupar el diablo).

Entendemos en la actualidad que trastornos de histerismo o de epilepsia son enfermedades neurológicas y psiquiátricas que se tratan con excelentes resultados, sin embargo, en épocas anteriores, esto no estaba visto así: eran señales inequívocas de una posesión diabólica; de ello deja una observación Benito Remigio Noydens en su obra de 1711 *Prácticas de exorcistas y ministros de la Iglesia* que nos dice así: «... muchas señales de los energúmenos (así se llamaban los poseídos en aquellos tiempos) y hechizados se parecen a las enfermedades naturales, así el demonio aprovecha de ellos para mejor encubrir su maldad».

Veamos a continuación un rito generalizado de un curandero-exorcista ante un poseído, pese a que la Iglesia prohíbe a los laicos dirigirse al demonio o enfrentarse un simple curandero a ello.

Llenaba una vasija de agua procedente del río (si hubiera uno cercano) o de la fuente, le añadía posteriormente sal común. Con una mata de espliego la insertaba en la vasija para humedecerla y proceder a rociar a los cuatro puntos cardinales dentro de la habitación donde se realizaría el rito, a modo de aspersión. Mientras rociaba, citaba una frase: «Bendice señor, Dios omnipotente, esta casa para que haya siempre en ella salud, victoria, tranquilidad y próspera suerte».

Con la imposición de manos sobre el poseído, aplicando un poco de mímica y teatralizar ciertos gestos, haciendo a menudo señales de cruz sobre el cuerpo del poseído y citando repetidamente la siguiente cita: «yo te exorcizo, criatura sal, en el nombre del padre, en el nombre del hijo y en el nombre del Espíritu Santo. Amén».

Algunos curanderos realizaban un sortilegio como preliminar a los ritos, una superstición que se remonta a los siglos xvi y xvii, aunque ya en tiempos del Imperio romano existe esta tradición, era el llamado 'suerte de las habas'. Se colocaban unas habas en la boca y citaba un conjuro casi inaudible, luego se la pasaba de mano en mano con otra recitación de índole religioso: «Por la custodia de la Santísima Trinidad y por san Cebrián, el que echó las suertes en el mar. Que si buenas la echó, mejores las sacó».

Históricamente, las habas han tenido interpretaciones mágico-religiosas, les daban varios usos, entre ellos para ahuyentar malos espíritus, entidades malvadas y purificar la casa.

Este rito opcional se aplicaba para saber la suerte que podía reparar al interesado y proteger el entorno del ritual, incluso les consultaban futuros matrimonios; pese a todo las habas eran también consideradas un alimento funerario y crear mal augurio. Algunas zonas españolas aún se arrojan habas en los entierros o las dejan entre los ropajes del fallecido. Ya lo decía Plinio: «El haba se emplea en el culto a los muertos porque contiene las almas de los difuntos».

Esto sería un ritual exorcista sin más, en manos de un sanador que nada tiene que ver ni posee vínculo con la Iglesia. Su resultado depende del grado de sugestión del paciente y la capacidad de convencer al poseído de que está libre del mal o bien debe repetir sesión o sesiones. Paso previo por caja o la generosa voluntad. Aquí reina, a menudo, la ignorancia del supuesto poseído.

Como habrá observado, tan solo resisten unas viejas creencias y ritos paganos que arrastran desde siglos anteriores. Sin embargo, existen personajes más próximos al mundo más irracional y del sadismo mayor durante un proceso exorcista que una liturgia mística. No nos iremos muy lejos para resaltar dos casos, que conmocionaron a la sociedad española en el año 1990, de un exorcismo a manos de un curandero. Seremos breves y concisos en el resumen de cada caso.

En la localidad granadina de Albaicín, una mujer suplicó que le sacaran el demonio que tenía dentro. Esta mujer estuvo un tiempo en Francia, donde participó en algunas sesiones de magia negra y, por ello, pidió ayuda.

Recurrió a un santero-curandero conocido como Mariano el pastelero, con la ayuda de una sobrina y dos primas de la víctima.

El rito fue espantoso y horroroso. Le hicieron beber agua caliente con mucha sal para lograr vomitar, saltaron sobre su vientre para lograr expulsar a «Lucifer» (sic), se aplicaron empalamientos por vía anal, intensos golpes y partes de sus órganos vaginales fueron arrancados por introducción de una mano e incluso con ayuda de una aguja de lana.

Desnuda y sobre un charco de sangre, entre convulsiones, acabó en coma, falleciendo poco después tras ingresarla en el hospital.

El experto curandero-exorcista junto a sus colaboradoras fueron detenidos en cuyo juicio el llamado 'pastelero', aseguró que hizo lo posible por expulsar al demonio, aseguró durante el proceso penal que sacó un trozo de «carne humeante y llena de fuego» por el recto de la víctima. Sin embargo, durante el juicio le aclararon que eso que menciona eran unas almorranas que arrancó. Lo triste de todo es que, Encarna, la mujer que falleció durante ese exorcismo, estaba embarazada en sus primeros meses, llegó así desde Francia.

Curiosamente, en el mismo año de esta tragedia granadina, en otra localidad sucedió otro caso similar en Almansa. La sociedad se vio sacudida ante la incredulidad y la sinrazón de este tipo de ritos que supuso el fin definitivo de las prácticas de curanderos, de exorcistas rurales, de oracioneros y de otras muchas prácticas ancestrales.

Este caso de Almansa fue atroz, una niña de apenas once años fue despachada por su propia madre que, además, era una popular curandera y espiritista en la localidad albaceteña de Almansa. Se inspiraba en las enseñanzas de Enrique de Villena (1384-1434). Ganaba bastante dinero, tanto que su marido dejó el trabajo para ejercer de contable y secretario de las consultas de su mujer.

En una noche de locura, con otras tres mujeres, tras un previo intento de exorcismo a otros dos niños metiendo la mano en su boca para sacar un mal interior (sin éxito, se fueron con el padre), puso en marcha su manual personal de exorcismos, la encerró en una habitación (el padre también estaba encerrado, pero en otra habitación para que no interviniera), estampas de santa Lucía, letanías, hacer necesidades fisiológicas alrededor de la habitación, decidió que su propia hija estaba embarazada de demonio. Había que expulsar y exorcizar a ese cuerpo infantil e inocente sobre el frío suelo, desnuda e indefensa; insertó sus manos dentro de la vagina hasta desgarrar su interior, llevándose en sus manos los ovarios y los intestinos de la pobre niña en un dolor indescriptible.

Afortunadamente, pudieron llamar a la policía para poner fin a una locura que comenzó aquella madrugada del martes 18 de septiembre de 1990.

Dirá que es una crónica a la España más turbia y negra, pero es necesario recordar que cuando los curanderos se olvidan de sus virtudes, de sus pactos con la naturaleza, se aferran al sadismo mayor.

Aunque hay otras historias de exorcismos en manos de hechiceras que fueron poderosas en su tiempo. Nos referimos a las denominadas caspolinas (procedían de la localidad de Caspe, de ahí su apodo).

Estas mujeres acudían al santuario de La Balma (Zorita del Maestrazgo) en los días 7, 8 y 9 de septiembre para ejercer de exorcistas y sanadoras en el interior del mencionado santuario. En este caso, no llega a nuestra época, pues en 1936 la Guardia Civil puso fin a esta locura; llegaban a juntarse más de veinte mil personas durante esos días.

Muchos de ellos con síntomas de estar poseídos, acudían a ellas para eliminar tal malignidad y otros males basados en hechizos. Realmente lo que tenían era epilepsia, dislexia, síndrome de Cotard, de Down… entre otras enfermedades que eran desconocidas en su momento a nivel de neurología.

Sus rituales consistían en tocamientos de partes íntimas, hacerles beber agua con tierra del suelo del santuario, arrojar agua bendita y utilizar lazos atando los pulgares de las manos y los pies. De ello tenemos la crónica que nos dejó el periodista y escritor Alardo Prats en su ensayo *Tres días con los endemoniados de la Balma* editado originalmente en 1929. Una auténtica tesis de las creencias rurales y la fe que depositan en personajes tocados por la gracia.

Nosotros sólo le diremos que no se deje tocar, al menos en rituales exorcistas. No acaban bien la mayoría.

— 17 —
Hechicería

«Aquellos que no creen en la magia nunca la encontrarán».

Roald Dahl

No podemos pasar por alto uno de los oficios que mayor repercusión tuvo entre los siglos xv-xvii, y que con mayor arraigo se desempeñó en la ciudad de Valencia. Fruto de la superstición, lo mágico y lo transcendente se deriva la actividad de la hechicería, entendida esta como el conjunto de prácticas ritualizadas por medio de las cuales, y sirviéndose de fuerzas ocultas, se obtiene un beneficio o se logra un maleficio. En esta ritualización se suelen servir de la invocación de espíritus, entes, almas o seres desencarnados para, conjuntamente con el empleo de hierbas, plantas, cenizas, huesos y otra serie de ingredientes de lo más variopintos, llevar a cabo sus propósitos. No debemos confundir la hechicería con la brujería, ya que esta última es ejercida mayoritariamente por quien cree tener pactos con el diablo o con espíritus malignos. En la mayoría de las ocasiones, ambos conceptos tienden a confundirse y la realidad es que al menos en Valencia no se persiguieron brujas porque prácticamente tampoco las había, de hecho la mayoría de brujos y brujas valencianos eran más hechiceros y hechiceras que realizadores de pactos demoníacos. No obstante, el pueblo tendía a confundirlos y por ello en muchas zonas se referían a ellas como *bruixes* o *bruixos* y los actos que realizaban se conocían como *bruixeries*. En Valencia, a diferencia de la zona norte de la península, predominaron las hechiceras y hechiceros, que no hacían otra cosa que aplicar sus conocimientos en botánica para la fabricación y elaboración de sus conjuros, potingues y ungüentos, predominando todo tipo de adivinaciones, supersticiones y hechizos amatorios o curativos. Se trataba por tanto de una brujería 'simpática', 'de andar por casa', sin pactos diabólicos, y por este motivo, fue menos perseguida y fiscalizada por la Inquisición.

El hecho por tanto de que la Inquisición no pusiera el foco de atención en la hechicería valenciana se debe también a que su práctica era llevada a cabo en muchos lugares donde predominaba la presencia morisca y musulmana, y la Inquisición se preocupaba más en la persecución de moriscos, falsos conversos y judaizantes que en la realización de hechizos y conjuros de mujeres, en su mayoría analfabetas. No obstante, esto no fue óbice para que la hechicería bebiera y se nutriera de la cultura morisca, ya que muchos rituales fueron

Hechicera, ilustración de Miguel Zorita para este libro.

adoptados de esta última, en similitud con el cristianismo que también adoptó como propios actos claramente paganos. Al final, todas las religiones y culturas se retroalimentan sirviéndose de rituales, celebraciones, fiestas y ceremonias que tienen un mismo origen en todas ellas, adaptándolas a los fines y objetivos que persiguen.

Como nos hemos referido anteriormente, la Inquisición española centró su objetivo persecutorio en las herejías de musulmanes y judíos que en la propia hechicería, la cual no era considerada un riesgo para la fe porque a la Inquisición le preocupaba más, como afirma el profesor Joseph Perez, no lo que hacía la gente sino lo que pensaba, la fe más que las obras, más concretamente las obras en la medida en la que suponían creencias heréticas. Es por ello, que muchos rituales venían disfrazados de alguna oración o plegaria cristiana con el fin de que la Inquisición fuera más indulgente con sus prácticas. La Inquisición no tuvo como punto de partida en la persecución de la hechicería el maleficio, sino más bien la herejía y por este motivo en Valencia no se condenaron a tantas brujas como en el resto de España, especialmente en la zona norte. No quiero decir con ello que no se persiguiera la hechicería ni que quedara impune, la Inquisición no podía permitir que se celebraran actos supersticiosos ni que se mentara a ningún santo en sus rituales, de hecho como veremos más adelante, Valencia fue de las ciudades donde más procesos y condenas por hechicería se dictaron.

Tradicionalmente, el concepto de hechicería lleva implícito relacionarlo inexorablemente con el sexo femenino, al igual que la brujería. De hecho, durante el siglo XVI, dos terceras partes de los casos de hechicería valenciana registrados por la Inquisición, eran mujeres que tenían como función o actividad principal el de sanadoras, porque al final la mayor parte de estas mujeres eran curanderas, comadronas, parteras, etc.

La hechicera valenciana bebió de la superstición y del curanderismo de la población morisca, que en entre los siglos XV-XVI, aún era muy abundante. No debemos formarnos una opinión negativa de la hechicería ya que, bajo mi punto de vista, tendían a garantizar buenos resultados sobre la salud, el sexo y el futuro, siendo estos los tres pilares fundamentales sobre los que se basó su actividad. A pesar de ello, fueron sometidas a una persecución atroz, tal y como afirma el profesor Ricardo García Cárcel; entre 1540 y 1700 hubo nada menos que

337 procesados en Valencia por hechicería, cifra notoriamente superior a la de Barcelona con 264 procesados, Zaragoza con 327 procesados y los tribunales castellanos, de los que Toledo alcanzó su cifra máxima con 292 procesados. De 1530 a 1609 fueron 67 procesados, lo que revela una evidente concentración de este delito en el siglo XVII. La pregunta que nos hacemos es ¿Por qué se les condenó? ¿De qué fueron acusadas las hechiceras si no pactaban con el diablo? La respuesta es sencilla: puesto que la Iglesia no podía demostrar la presencia diabólica en sus actuaciones, se les acusó de adivinadoras, realizar encantamientos, práctica de magia blanca o elaboración de amuletos y hechizos. El Tribunal de Valencia se creó en el año 1482, siendo característico que las Cortes Valencianas lo denunciaran por ir en contra y ser una violación de los fueros, ya que en Valencia y en general toda la Corona de Aragón se opuso fuertemente al establecimiento de la Inquisición, llegando a proponerse al rey Fernando el Católico cambios en cuanto a la organización, estructura y funcionamiento.

Condenados por la Inquisición, de Eugenio Lucas (siglo XIX, Museo del Prado).

Básicamente lo que se pretendía era limitar las humillaciones públicas, que el acusado tuviera derecho de defensa, moderar la tortura, etc. Al fin y al cabo humanizar la Inquisición. Evidentemente el rey no lo aceptó e impuso por la fuerza el Tribunal. De esta forma, el propio rey ofreció su palacio del real (actualmente los Jardines de Viveros) como sede de la Inquisición para trasladarse posteriormente en el año 1527 a un palacio propio cerca de las Cortes Valencianas. También se instauró la prisión de la Inquisicion, siendo la primera la Torre de la Sala, en la calle Batllia, trasladándose a mitad del siglo xvi a la casa de la Penitencia, cerca del portal de la Trinidad. Hay que destacar que las ejecuciones se llevaban a cabo en la plaza del Mercado, pero las condenas a hoguera se realizaban fuera de la ciudad, donde actualmente se ubica el Jardín Botánico.

Es interesante, la transcripción que realizo a continuación, del libro *Camino del buen cristiano*, de Francisco Jorba, del año 1533, para entender los diferentes motivos por los que se podía acusar de hechicería y las consecuencias que ello podía entrañar. Evidentemente el autor mezcla tanto la brujería como la hechicería, ya que hay supuestos donde hace referencia al pacto diabólico. Obviamente la Iglesia condenó toda esta serie de ejercicios y prácticas, con pecado mortal y excomunión.

«El que usare arte de nigromancia en la qual se hacen pactos, conciertos, promisiones con los demonios, llamando a aquellos con manifiesta o secreta invocación, con ceremonias y encantamientos, con palabras y ofrecimientos o sacrificios divinos, con círculos, caracteres, señales y otras cosas ilícitas, procurando poder hablar con los dichos demonios o ver aquellos corporalmente o sometiéndose a ellos por cualquiera causa, comete idolatría.

El que usare algún encantamiento con sacramento o cosas sagradas, como son el agua del bautismo, crisma, óleo santo, corporales, vestimentas y otras cosas de la Iglesia, con oraciones mezcladas con nombres no conocidos y otras cosas no lícitas, observando alguna vana observación por qualquiera causa, aunque fuese por alcanzar sanidad, comete sacrilegio y pecado grave. El que acordadamente invocara a los demonios, con manifiesta o secreta invocación porque le ayuden o le den consejo o por saber las cosas secretas o venideras, o por hallar alguna cosa hurtada o perdida sometiéndose a ellos, comete idolatría.

El que hace o procura hacer algún maleficio o prestigio en los ojos de los otros, por lo qual se hace por arte del demonio, que las personas no pueden conocer verdaderamente.

El que por amor libidinoso y desordenado, porque le quieran bien, o porque alguna mujer no conciba, o que abortase lo que concibió, o por otra cualquiera causa procura dar a comer o beber alguna cosa hecha con maleficio, más si por ello se sigue algún daño señalado. El que hace o procura hacer algún encantamiento o maleficio, por hacer adolecer alguno, o porque alcance sanidad, o por encantar algunos animales con oraciones o nombres no conocidos y otras cosas ilícitas. El que hace procura hacer algún maleficio por destruir otro maleficio con ligamientos y otras cosas supersticiosas, con nombres no conocidos, invocando a los demonios, con manifiesta y secreta invocación. El que hace anillos de otro o de plata, o de metal con algunas señales, figuras, caracteres y nombres no conocidos, cuando se lee la pasión de Cristo, observando alguna superstición.

El que dice o procura decir misas de muertos, descubrir los altares, cubrir las figuras de los santos, decir salmos de la maldición y otras cosas, porque alguno muera o por haber alguna venganza, o hacer algún daño señalado. El que usare algún ligamiento porque alguno no pueda conocer carnalmente a su mujer o por otra causa ilícita con nombres no conocidos y otras cosas vedadas, aunque fuese por alcanzar sanidad».

Del citado escrito se pueden extraer diferentes vocablos en los que estaba fundamentada la hechicería valenciana como son encantamiento, ligamiento, superstición, adivinación, maleficio, etc. Por tanto, nos encontramos ante un tipo de hechicería celestinesca, vitalista y urbana pero sobre todo, sin aquelarres ni *sabbats*. En la hechicería, el practicante actuaba de forma individual, aislada, sin ayuda de otros individuos.

Evidentemente la enorme proliferación de la hechicería en Valencia se debió a la abundante presencia morisca y judía que contribuyó de una manera necesaria a las prácticas mágicas y supersticiosas. En España se llevaron a cabo 150.000 procesos, de los que se mataron a 34.000 personas. Pues bien, la mitad de esos procesos, fueron contra judíos, moriscos y gitanos. Y es que la presencia gitana también estuvo muy presente en Valencia, de hecho se decretó por parte de la Inquisición, el 17 de noviembre de 1659, la expulsión de los gitanos de la ciudad de Valencia al considerarlos como sospechosos de practicar la brujería. Es interesante dicho acuerdo, el cual transcribo a continuación:

«… causa de muchos sortilegios, así amatorios como adivinatorios y también maléficos, las gitanas que concurren en esta ciudad… fueron del parecer que para atajar este daño, se envíe un recado a la ciudad con un secretario, representando cuan del servicio de Dios nuestro señor será y cuan conveniente al bien público que todas las gitanas que se hallaren en esta ciudad y arrabales sean con graves penas expulsadas de ella, como gente tan perjudicial a la república y a la religión cristiana…» (AUV, Varia 38 llig, f 7r).

Sin embargo quienes mayormente fueron perseguidos en Valencia fueron los judíos y un gran baluarte de dicho ataque fue Sant Vicent Ferrer, quien en sus sermones soltaba perlas como que los judíos y los moros estén apartados, que no se entremezclen con los cristianos, no se acuda a médicos infieles, ni se les compre mercancía, que estén

Escudo de la Inquisición española. A ambos lados de la cruz, la espada simboliza el trato a los herejes, la rama de olivo la reconciliación con los arrepentidos. Rodea el escudo la leyenda «EXURGE DOMINE ET JUDICA CAUSAM TUAM. PSALM. 73», frase en latín que traducida al castellano significa: *Álzate, oh Dios, a defender tu causa, salmo 73 (74).*

encerrados y emparedados porque no tenemos mayores enemigos que ellos mismos, que no se coma ni se comparta mesa con ellos, y que si nos ofrecen pan y comida, lanzarla a los perros. Ahí es nada.

Los moriscos y judíos fueron denominados como cristianos nuevos en contraposición a los cristianos viejos, como si profesar la fe católica tuviera fecha de caducidad o antigüedad en el tiempo. También eran conocidos como marranos.

Hemos empleado una palabra que era la base de la hechicería, concretamente la superstición, pero ¿qué significa? ¿Cuál es su procedencia y porque se relaciona con la hechicería? Básicamente, superstición procede del latín arcaico *superstitare*, que significa elevarse, estar por encima, es decir si entendemos que lo natural es lo normal, lo humano, concluimos que la superstición está fuera de lo humano, lo que no se puede explicar, es decir aquello que está por encima de las cosas naturales, lo que comúnmente se conoce como aquello que está en el más allá, en lo sobrenatural. Según Voltaire, «la superstición es a la religión como la astrología es a la astronomía, la hija muy loca de una madre muy sabia». Es una frase muy gráfica e ilustrativa en la medida que religión y superstición están unidas por lazos y vínculos inseparables. Valencia fue muy supersticiosa pero a diferencia de la brujería, donde la mayor parte de sus practicantes eran mujeres, solteras y viudas, de condición social baja, prácticamente analfabetas y cuya actuación se reducía al ámbito rural, en el caso de nuestras hechiceras y hechiceros valencianos eran normalmente gente joven, cuya edad oscilaba entre los treinta y cuarenta años, por lo general casados, de condición social media (los había médicos, notarios, herbolarios, mercaderes, etc.) y cuyas prácticas se llevaban a cabo en zonas urbanas. Me he referido anteriormente que en España se llevaron a cabo 150.000 procesos, pues bien en Valencia 'sólo' se procesaron a 337 brujas.

Valencia siempre ha sido una ciudad abierta a multitud de culturas, a ello ha contribuido el ser una ciudad abierta al mar y ser punto de llegada de numerosos marinos y mercantes llegados de todos los rincones del planeta. Este acogimiento de nuevas culturas contribuyó a una convivencia e intercambio de conocimientos mágicos que propiciaron el crecimiento, auge y asentamiento de una hechicería autóctona. De esta forma, la hechicería valenciana se estructuró en tres ámbitos de actuación como fueron la salud, el futuro o la adivinación y el sexo. Vamos a intentar desglosar cada uno de ellos y qué actuaciones se llevaron a cabo en cada una de esas parcelas.

La primera de ellas fue la salud, la curación y sanación de enfermedades, cuyo objetivo fue primordial para las hechiceras valencianas, de ahí que fuera una de las grandes preocupaciones de nuestras protagonistas además de ser habituales las constantes prácticas curativas y sanadoras. Uno de los instrumentos que utilizaron como elemento curativo era lo que, entre los moriscos valencianos, se conocía como *herçes,* siendo unas pequeñas bolsitas de tela encerada donde se incluían diferentes pasajes del Corán, hierbas, piedras, etc. Esta bolsita se ritualizaba y se realizaban determinadas invocaciones. La posesión de este tipo de amuleto era suficiente para que fueran condenados por la Inquisición. Muchos moriscos se dedicaban a la elaboración y fabricación de este tipo de bolsitas sanadoras, ya que consideraban que podían curar enfermedades debiendo llevarlas colgadas del cuello. Es paradójico cuanto menos, la semejanza de este tipo de bolsitas con los escapularios cristianos, donde también se elaboraban, y aún hoy en la actualidad siguen fabricándose, con tela sacralizada y en cuyo interior se suele colocar la imagen de algún santo. ¿Qué diferencia hay entre un *herçes* y un escapulario"? Sinceramente, bajo mi punto de vista ninguna, en ambos casos su esencia es la superstición.

También las hechiceras valencianas se sirvieron de diferentes plantas, sabias conocedoras de la herboristería, para la sanación de enfermedades. Una de las más utilizadas era la ruda; se trata de una planta con hojas verdosas, que emite un olor característico, para muchos desagradable, y que tenía un marcado carácter sagrado en la antigüedad. Se utilizaba para quitar el mal de ojo, contrarrestar los malos pensamientos, para la cura de enfermos, para dolencias reumáticas, dolores de cabeza, epilepsia, histerismo, hemorragias anémicas. No obstante, también era utilizada en altas dosis como abortiva, por ello en casos de embarazos no deseados a muchas de estas hechiceras se las obligaba a tomar ruda para no engendrar un hijo bastardo. Y digo a las propias hechiceras porque muchos clérigos y miembros de la iglesia acudían a estas mujeres para pedir ayuda y consuelo ante enfermedades para las que la propia medicina no tenía remedio, el problema es que muchas hechiceras fueron violadas, siendo objeto de abusos sexuales, como chantaje emocional para no ser acusadas ante la Inquisición, por lo que debían abortar de aquel embarazo clerical que les podían provocar.

Como afirma Paracelso, en los perfumes de Saturno entran en mayor parte los granos de esta planta. Unas ramitas de ruda llevadas encima preservan de todo embrujamiento, asimismo evitan los sustos.

Otro de los usos que de la ruda hacían nuestras hechiceras era colocar en una bolsita, unos polvos o hojas de ruda, junto con granos de pimienta, y una moneda de cobre, para protección frente a los ataques callejeros. Si además se le añadía canela y clavos, también servía para evitar ataques de brujería. También era habitual que se colocara a la entrada de las viviendas para evitar robos, o en los balcones de las viviendas para evitar la presencia maligna.

Otra de las plantas que se utilizaron para la sanación fue la mandrágora, de quien se dice que en la zona valenciana era utilizada principalmente para calmar y eliminar el veneno de mordeduras de serpientes.

No puede faltar, al referirnos a las hechiceras valencianas, los viajes que estas hacían a la zona de la Lonja, lugar donde se ubicaba el patíbulo, para una vez ejecutado el reo, solicitar al verdugo o proporcionárselo ellas mismas, diferentes partes del ejecutado, con el fin de realizar sus diferentes conjuros y hechizos. Las peticiones eran de los más variopintas, desde trozos de soga del ajusticiado a trozos de prendas del finado traídos desde el cementerio o del barranco del Carraixet. También se solicitaban, siendo los más apreciados dientes y muelas, que arrancados a los reos ahorcados, constituían uno de los amuletos más apreciados. Lo paradójico del tema es que este tipo de prendas los utilizaban para hacer el bien, es decir para evitar la muerte trágica o violenta a la persona que se lo solicitaba.

Otro de los remedios que empleaban las hechiceras valencianas para extraer el demonio, eliminar la brujería y combatir la epilepsia (hay que tener en cuenta que esta enfermedad en los siglos xv-xvii, era tenida como una enfermedad demoníaca por el hecho de que el enfermo escupiera espuma por la boca y el cuerpo convulsionara ferozmente) era el empleo de la peonía. Se trata de una planta que era empleada, en el caso de los niños, como amuleto protector frente al mal de ojo, colocando su raíz alrededor del cuello, a modo de colgante. En numerosos tratados y herbarios medievales aparece como una planta para ahuyentar al diablo.

Dioscórides la recomendaba para las mujeres «que no quedan bien purgadas del parto» y provoca el menstruo; «bebida en cantidad de una almendra», «sus granos negros tienen virtud contra las pesadillas».

Aunque se trata de una planta originaria de Cuba y muy utilizada en la santería *yoruba*, también fue utilizada por nuestras hechiceras valencianas para espantar las malas energías, el mal de ojo, eliminación de conflictos, sanación de enfermedades, salvación de enemigos y alejar la envidia. Principalmente se utilizaba su semilla, de color rojo y negro. En el caso valenciano, el enfermo debía tomar un vomitivo, es decir una mezcla de altramuz, *betonia*, beleño y puerro. Todo ello era machacado junto a la peonía, para una vez convertido en polvo, tomarlo junto con líquido de cebada. De esta forma el enfermo sanaba de sus males.

En cualquier caso, uno de los maleficios que mayormente abundaban en Valencia era el producido por el mal de ojo, aojamiento o fascinación. Este mal consistía en el daño que una persona podía provocar en otra con solo mirarla fijamente y desearle toda serie de enfermedades y envidias; era una forma de canalizar la energía negativa por medio de la mirada, haciendo que la persona destinataria del mal quedara fascinada por ello. Los valencianos llamaban a este tipo de mal con la palabra *lligament*. Por medio de la mirada la maldad penetraba en la otra persona quedando esta ligada a un espíritu maligno. Por ello se trataba de uno de los maleficios más temidos, y que se asociaba a las malas artes de las mujeres principalmente. Quienes solían ser víctima del mal de ojo eran personas que, o bien padecían una larga enfermedad de origen desconocido, o bien eran individuos sobre los que recaía la envidia de otra gente, y el tratamiento en este último caso era atacar a quien era sospechoso de envidioso, acusándolo de bruja o hechicera. El mal de ojo era muy habitual entre la población morisca y gitana, por ello el remedio solía ser acudir bien al rabino o al sacerdote, en el caso de los cristianos, para mediante exordios y bendiciones eliminar el maleficio. Como afirma la autora Teresa Martialay, en el caso de los judíos el rabino o desaojador lavaba la cara del enfermo con agua y sal y lo dejaban a la intemperie por la noche mientras recitaba los Salmos 3 y 91; también podía realizarse un ritual la víspera de la circuncisión del niño o a los siete días del nacimiento de una niña para protegerles del mal de ojo.

Como hemos visto, también la peonía era un buen remedio frente al mal de ojo, pero también era habitual llevar sal, ajo, raíces de mandrágora u hojas de laurel. Como afirmaba el autor Chretien Auguste Fischer, la presencia del mal de ojo en Valencia era más fuerte que en otros lugares y se fabricaban unos amuletos llamados manecillas, que eran pequeñas manos esculpidas en marfil; eran considerados como talismanes y los llevaban colgados del cuello. Podemos considerar que eran el antecedente de lo que luego se conoció como la *figa* de azabache, consistente en un puño cerrado con el pulgar entrelazado entre los dedos índice y corazón. Es curioso en este punto recordar los aldabones de muchas puertas de viviendas que tenían esta forma con el fin de espantar a quien pretendiera aojar a los huéspedes.

Como hemos podido apreciar, la curación y sanación de enfermedades se encontraba entre los principales objetivos de nuestras hechiceras, influenciado por el curanderismo morisco. La mayoría de las veces esta mutua colaboración provocó violentos enfrentamientos entre la medicina doctrinal, culta y oficial con el curanderismo, uno de los más célebres es el que relata el autor Ricardo García Carcel, el que protagonizó el morisco Jerónimo Pachet con el catedrático Luis Collado o de Pinterete con el cirujano Daza Chacán, cuando el médico morisco fue llamado a la cabecera del príncipe Carlos, primogénito del rey Felipe II. Pinderete fracasaría con sus ungüentos pero Pachet curaría al infante Felipe (después Felipe III), lo que provocaría la perplejidad y la irritación de críticos tan marcadamente antimoriscos como el padre Bleda.

Cabe recordar que mucha parte de la población valenciana no podía acceder, económicamente, a la medicina tradicional ni costearse un médico, por lo que se veían abocados al curanderismo y fue por ello por lo que se tendió a la marginación social de hechiceros y curanderos, descalificando sus prácticas por no adecuarse a los cánones establecidos; pero la población valenciana, a pesar de las críticas de san Vicente Ferrer y Jaume Roig, asumió como propio el curanderismo y no dudó en acudir a él cuando era necesario. Es significativo como Jaume Roig ataca a las hechiceras como *fetilleres, sortilleres, psicomantiques,* etc. Sin embargo, la hipocresía de la medicina y el doble rasero con el que trató a las hechiceras, lo observamos en el propio autor citado quien no dudo en reconocer que prefería al curandero al médico porque este mataba de hambre y cobraba mucho, y en definitiva no sabía diagnosticar. ¿En qué quedamos pues? ¿Fueron nuestras hechiceras tan malas, tan conflictivas, tan ignorantes o más bien tenían unos conocimientos que la medicina no podía explicar? Que el lector saque sus propias conclusiones.

No puedo dejar de mencionar en este punto a una hechicera valenciana muy conocida y a quien se recurría para casos de curación, además de conjuros de amarres. Me estoy refiriendo a Esperança Badia.

La mayoría de las historias sobre la vida de las hechiceras son tristes, injustas e inhumanas pero la de la mujer que nos ocupa ahora es quizá la que más me ha impactado por la crudeza de la infancia que le tocó vivir. La historia se inicia entre los siglos XVI-XVII en Valencia, se trataba de una muchacha no muy agraciada físicamente que quedó huérfana de padres con apenas nueve años.

En Valencia, durante los siglos antes citados, como en el resto de los pueblos de España, se recurría con frecuencia a las hechiceras en busca de algún sortilegio, conjuro o hechizo que aliviara las penas de mal de amores; te hacían un traje a medida, desde aliviarte problemas físicos o dolencias hasta otros más complejos de tipo espiritual, y eso fue lo que hizo Esperança, acudió a una de estas hechiceras para poder conseguir el amor de su vida.

Para situarnos, aún existe en Valencia una calle situada junto al Almudin, cerca de la catedral, que antiguamente se llamaba calle de las Brujas, actualmente el nombre de la calle es Calle Angosta del Almudin. Es una calle estrecha, no tendrá más de dos metros de anchura, y aún conserva el pavimento original de la época. Antiguamente, por las noches se cerraba con dos cancelas, una y otra a cada extremo de la calle, con la finalidad de que nadie pudiera entrar ni salir, porque como habrá adivinado el lector, en ella vivían hechiceras, adivinadoras, sanadoras, curanderas, etc. Lo cierto es que pasear o atravesarla por la noche, en silencio, te transporta a lo que serían aquellas noches de trasiego de gente, ventanas cerradas, hechiceras vigilantes tras ellas, que te infunde una mezcla de sentimientos de compasión y necesidad de conocer todo lo que aquellas mujeres dejaron en el olvido del tiempo.

Pues bien, volviendo la mente nuevamente a aquella época, a esta calle acudió una noche nuestra protagonista con el fin de buscar ayuda para conseguir un amor imposible, y lo consiguió ya que con trece años contrajo matrimonio con un librero, quien la dejó embarazada y la abandonó. Por tanto, el hechizo funcionó a medias, pero es que nunca acabó funcionando del todo porque volvió a casarse y nuevamente quedó abandonada por el marido. Desesperada, sin esperanza, y con necesidad de salir adelante con su hija, decidió unirse a aquel grupo de hechiceras para conocer y aprender de su sabiduría y poder ejercer como ellas, y así lo hizo durante un tiempo ya que ayudó a asistir a parturientas, sanar enfermedades, etc. Entre los conjuros que llevaba a cabo nos ha llegado uno denominado el sortilegio del Rosario, recogido en el libro de María Helena Sánchez Ortega, llamado *La Inquisición y los gitanos*, y que dice así:

«Yo te conjuro
por Doña María de Padilla
con toda su cuadrilla,
por el Marqués de Villena
con toda su gente,
por la mujer de Satanás,
por la mujer de Barrabás,
por la mujer de Belcebú.
Así como estas tres estaban unidas
y venían juntas con paz
venga el corazón de fulano (aquí hay que decir el nombre de quién sea),
atado, preso y enamorado»

Como vemos se trata de un hechizo de atadura o enamoramiento, que es lo que principalmente hacían, de hecho esto es lo que ella buscó cuando acudió a ellas. Pero la persecución a la que fueron sometidas provocó que más pronto que tarde, fuera delatada, como todas por envidias y celos, incluso de la propia gente que iba a visitarlas en busca de ayuda.

Así ocurrió como un mal día, acudió a ella una 'buena' amiga llamada Esperanza Coll, quien denunció lo que allí se hacía, acusando de rituales demoníacos y de prácticas de brujería. De esta forma, y llegada la noticia a los tribunales civiles, se disolvieron todas las hechiceras que allí se congregaban, y denuncia tras denuncia, por envidias y celos, con el amor de fondo, fueron condenadas en el año 1655.

Esperança Badia fue expulsada de Valencia en destierro durante cinco años, no sin antes recibir sus correspondientes latigazos y escarnio público. Fue por tanto una pobre mujer que anheló el amor, que quiso ser amada, sentir aquel sentimiento que su infancia le negó y que nunca pudo disfrutar.

Otro de los pilares en los que se centró la hechicería valenciana fue el futuro o la adivinación. La preocupación por la muerte, así como el arte de adivinar, estuvo muy presente en la sociedad valenciana entre los siglos XIV-XVI, de hecho proliferaron discursos apocalípticos con el fin de atemorizar a la población, cuyo contenido, en la mayoría de los casos, venia referido a la presencia de enfermedades y otros males que eran causados por el diablo. Esto provocó que mucha gente acudiera a hechiceras para vaticinar su suerte y determinar si la llamada de la parca estaba cerca o no. El demonio en Valencia era un personaje muy familiar pero, ¿cómo se podía comunicar con él para adivinar el futuro? De muy diversas formas, si bien un hechizo muy habitual era la fabricación de una figura humana de cera y aceite, clavando en ella cinco agujas. Otro método era escribir unas letras en una hostia consagrada sacada con el pulgar de la mano izquierda (esto nos recuerda como en el acto de la comunión el sacerdote posa la hostia consagrada sobre nuestra mano izquierda para introducirla en la boca con la mano derecha y esto es así porque se entendía que la mano izquierda era la parte demoníaca). Conjuros para invocar al demonio y adivinar el futuro existían de todo tipo como la *rodemilla*, el del pan y el queso, el de los nueve granos de sal, el de la escobilla, el de las *havas panescas*, etc. Es destacable en este punto hacer referencia al proceso que se siguió frente a Úrsula Ximena (AHN, Inquisición, leg. 528/1 y 528/24) en el cual el conjuro para adivinación era untar la mano de un muchacho o muchacha con aceite, laurel y hollín de chimenea y puesta al sol, se dijera «… yo te conjuro por sant Pedro y sant Pablo y por los ángeles y por sant Silvestre…» y que una vez dichas esas palabras saldría allí la persona que quisiere ver y se le preguntase todo lo que quisiese saber.

El arte de adivinar, videntes, médiums, nigromancia, y todo tipo de prácticas supersticiosas adivinatorias, siempre estuvieron presentes en el pueblo valenciano, siendo perseguidas y condenadas con mayor furor según épocas. Para la Iglesia, sólo Dios podía adivinar y determinar el porvenir de las personas, por ello todas aquellas predicciones que fueran en contra de su doctrina, debían ser castigadas. Bajo mi punto de vista, la actuación eclesiástica en este punto es contradictoria puesto que no hay mayor adivinadora y anunciadora de la buena nueva que la propia Iglesia, ya que recitar oraciones en favor de Dios, enaltecer los milagros, invocar la devoción de los santos, o encender velas no es más que heredar los mismos actos paganos que los practicantes eclesiásticos perseguían, por no hablar del Apocalipsis de san Juan, o las diferentes profecías de Jeremías o Isaías. En Valencia, por tanto, la adivinación perseguida fue la demoníaca, en la cual se buscaba el auxilio, la ayuda colaborativa y la invocación del diablo, por tanto, excedía en la superstición y traspasaba los límites de lo permisible. En la mayoría de las veces se trataba de adivinación futura o pasada, localizar y encontrar tesoros ocultos o pertenencias perdidas u ocultas. Como ejemplo, y aún hoy en día se practica, enseñar las manos a las gitanas para que den la buenaventura no era perseguible, siempre que no se hiciera con maldad, es decir si tenía la consideración de un juego o mero divertimento. Ahora bien, si se tomaba en serio, o se exigía alguna contraprestación a cambio por dicha lectura, entonces sí era considerado como un acto supersticioso, y peligraban tanto la gitana como quien acudía a ella.

Otro sortilegio que se empleaba en Valencia para la adivinación era el 'arte de echar las habas'. Esto también era una práctica habitual dentro de la población gitana, y como indica el autor Rafael Solaz consistía «en tomar nueve habas, dos de estas señaladas con una mordedura, arrojándolas junto a carbón, sal, cera, azufre, piedra alumbre, pan, un paño rojo y otro azul. Dependiendo del lugar donde caían tras ser tiradas, significaba una predicción u otra».

Evidentemente, muchas de estas adivinaciones de nuestras hechiceras eran producto de imaginaciones, divagaciones y alucinaciones, que valiéndose de la baja intelectualidad de la población de aquella época, aprovechaban para obtener su sustento diario; pero es que las hechiceras tampoco tenían un nivel cultural aceptable por lo que, en la mayoría de las ocasiones, este tipo de adivinaciones fueron desmontadas por disciplinas como la medicina y la astrología, que supo aislar a los hechiceros y magos con sus torpes recursos. La locura fue una enfermedad bastante frecuente en Valencia y muchas de nuestras protagonistas fueron acusadas de ello. De hecho, es ejemplarizante el proceso que se siguió frente a la morisca María Mimón, alias Iñata, de Segorbe quien confesó haber tenido relaciones sexuales con el diablo a quien invoca cuando le venía en gana y cuando necesitaba adivinar o saber algo. Se le acusó de locura y fue internada en un hospital durante un período de dos años para sanar de su enfermedad, después de lo cual fue penitenciada por morisca, olvidando sus anteriores declaraciones. (AHN, Inquisición, lib. 937 f. 242-245).

Y por último debemos referirnos al tercer pilar en el que nuestras hechiceras basaron su actuación en Valencia, y no es otro que el sexo, ataduras o amarres. La mayor parte de los procesos que se siguieron en Valencia frente a las hechiceras tienen como acusación principal el amarre, enamoramiento o ruptura sentimental utilizando para ello diferentes oraciones y rezos a santos y santas.

Hay un proceso de la Inquisición que pone de manifiesto de una manera muy clara y gráfica, el motivo de porque eran perseguidas estas actuaciones por parte de las hechiceras. Me refiero al proceso contra Josefa Molins, vecina de Xátiva. El Santo Oficio de la Inquisición dictó el auto de fe el 9 de diciembre de 1672 acusando a Josefa Molins de enseñar la oración de santa Clara a las mujeres con fines amatorios. Es curioso que la mayor parte de estos hechizos iban dirigidos más para las mujeres con el fin de atraer la atención de los hombres. Nos debemos situar en la ciudad de Xátiva el día 19 de junio de 1672 cuando acudió ante el inquisidor Hermenegildo Giménez, una mujer llamada Josefa Pascual, mujer de Vicente Sancho Labrador, que vivía en la calle del Raval y con treinta años de edad. Acudió para decir por descargo que, con la edad de quince años aprendió la oración de santa Clara de un mujer llamada Josefa Molins, casada con no se sabe quien y que vivía en la plazuela de Santa Tecla, en una casa muy pequeña. Es una mujer menuda de cuerpo y de mediana edad.

La oración que le enseño rezaba así: «*Santa Clara, hija sois de rey y reina, yo os suplico santa gloriosa que aquel que ha de ser mi marido que me quiera bien y no quiera a nadie más, y que no se acordará de querer en tanto tiempo a otra más*». Que esta oración la decía por dicho tiempo sólo una vez a fin de que le quisiera bien un hombre (no se acuerda del nombre) que le galanteaba para casarse con ella. Ella dice que no se la ha enseñado a nadie.

Por dicho motivo, acusa a Josefa Molins ya que esta última le dijo que era buena para que la quisieran bien pero que al oír el edicto de fe le ha parecido que no era buena la oración y que pide perdón y misericordia de lo que ha hecho, que como muchacha de pocos años lo ha dicho por la voz que ha referido. Que dice la verdad por el juramento que ha prestado.

Al final el proceso terminó con reprimenda grave a Josefa Molins por lo que ha hecho, y pedir perdón en presencia de las dos familias implicadas.

Este fue uno de los mayores motivos por los que fueron perseguidas las hechiceras valencianas, y más teniendo en cuenta que amor y sexo estaban contrapuestos en el cristianismo. La religión cristiana persiguió todo acto que no tuviera que ver con la castidad y el amor, y todo movimiento fuera del matrimonio sagrado debía ser perseguido y condenado. Nos viene al pelo una frase de Nietzsche que indicaba que el cristianismo es una religión triste que convierte a Eros en un vicio, que promociona la condena de la carne y que promueve la represión como objetivo a conseguir.

Epílogo

Observamos que ha llegado al final de esta dura jornada laboral a través de un puñado de oficios. Todos merecen su respeto, su reconocimiento, aunque sean ya obsoletos y sin fundamento. Sin ellos nunca estaríamos aquí.

Si pensaba que desconocíamos o nos dejábamos en el tintero otras profesiones, se confunde. Disponíamos de cientos de oficios. Pese a ello, preferimos dejar este sucedáneo de oficios que más acercaban al mundo mágico, esotérico y misterioso, incluso morboso.

Es evidente que han desaparecido numerosos oficios a lo largo de la evolución humana. A su vez surgen otras profesiones adaptadas a la evolución lógica, tan necesarias como estrambóticas a causa de la sustitución humana por un mundo robotizado. Perderemos la magia y la intuición mágica de ese extraño vínculo con la naturaleza, incluso, en los más creyentes religiosos, la gracia.

Por estos lares, no podemos dejar de lado a los gancheros, unos personajes que iban equipados con un gancho de madera (normalmente de avellano, curiosamente el árbol más mágico y más unido a lo ancestral); con esa herramienta dirigía los troncos cortados para que descendieran río abajo por el cauce del río Júcar. Un oficio de alto riesgo, peligroso, que desde el siglo XVI hasta mediados de 1940 estuvo presente en las retinas de nuestros mayores. Comenzó su declive y desaparición en 1960, por la evolución del medio de transporte.

Y ellos tienen mucho que contar, sus riesgos, tragedias y los misterios que han visto a lo largo del curso de su naturaleza durante los desplazamientos.

O tradiciones más conocidas como aguadores, alambiqueros (oficio muy relacionados con la herencia más ancestral de la alquimia), sangradores, *auroros,* memorialistas (redactaban y leían cartas a los analfabetos), etc.

Oficios algo más próximos a la ciencia, como los frenólogos. Una especialidad defenestrada de la psiquiatría que se basaba en el estudio de la morfología del cráneo, que llegaban a intuir un posible asesino, talento o su futura personalidad. Evidentemente, en la actualidad no tiene validez científica ni credibilidad. En España, Mariano Cubí i Soler (1801-1875), introdujo este polémico estudio y su práctica por los años 1842-1844 visitando cárceles y hospitales, se creyó, y mucho, en esta praxis. Muchos acabaron en psiquiátricos de por vida.

O unos curiosos personajes conocidos como *hornilleros,* nada que ver con el horneado, sino que por las sierras de Cazorla y del Segura estas personas conocían como la palma de su mano la zona, fueron los primeros pobladores y colonizadores dentro de la sierra, alejados de las aldeas y villas. Se hicieron populares gracias a una novela de Juan Luis González-Ripoll, que muestra otros oficios curiosos de su época.

En la narración de González-Ripoll es un compendio de tradiciones, espectros y temores, aun así, se les encomendaba a menudo encontrar personas extraviadas por las mencionadas zonas, normalmente, regresaban con un cadáver a lomos de su mula o carro a las iglesias de las localidades de donde procedía la orden de búsqueda de ese extraviado. De ahí nació la leyenda de la senda de las ánimas en La Iruela, eso es otra historia de misterio, folclore y antropología que nos aleja del objetivo primordial de esta publicación.

Como pueden observar hay muchos caminos y cambios. Sólo deseamos que, sobre todo, aquellas profesiones más vinculadas con la naturaleza, la fe y la magia ancestral, sigan perdurando, al menos en su recuerdo y estudio, más allá del siglo actual. Muchos de ellos y ellas, merecen este homenaje en su recuerdo merecido. Son la base de nuestra evolución.

Ángel Beitia y Raúl Ferrero.
Ontinyent-Alfafar, agosto 2022.

Bibliografía y fuentes consultadas

Bibliografía consultada por Vicent Ferrero

Aguirre Sorondo, A. (1990). *Los saludadores* en Cuadernos de etnología y etnografía de Navarra, año 22, n° 56, pp. 307-319.

Alberola, A. (2003). *Procesiones, rogativas, conjuros y exorcismos: el campo valenciano ante la plaga de langosta de 1756* en Revista de Historia Moderna Anales de la Universidad de Alicante, n° 21.

Bayet, J. (1984). *La religión romana. Historia política y psicológica.* Ediciones Cristiandad. Madrid.

Blázquez Miguel, J. (1989). *Eros y Tánatos. Brujería, hechicería y superstición en España.* Editorial Arcano. Toledo.

Bruit, L.; Schmitt, P. *La religión griega en la polis de la época clásica.* Editorial Akal. Madrid.

Campagne, F. A. (1996). *Cultura popular y saber médico en la España de los Austrias* en Medicina y sociedad: Curar y sanar en la España de los siglos XIII a XVI, Buenos Aires, Instituto de Historia de España, Facultad de Filosofía y Letras, Universidad de Buenos Aires, pp. 195-240.

Castañega, Fray Martín de. (1994 [1529]). *Tratado de las supersticiones, hechicerías y varios conjuros y abusiones, y de la posibilidad y remedio dellas.* Gobierno de la Rioja. Instituto de Estudios Riojanos.

Gil, L. (2004). *Therapeia. La medicina popular en el mundo clásico.* Editorial Triacastela.

Guillén, J. (1980). *Urbs Roma. Vida y costumbres de los romanos III. Religión y ejército.* Ediciones Sígueme. Salamanca.

Kerenyi, K. (1999). *La religión antigua.* Editorial Herder. Barcelona.

Lara Peinado, F. (1999). *La civilización sumeria.* Historia 16. Madrid.

Le Goff, J. (1999). *La civilización del occidente medieval.* Ediciones Paidós Ibérica. Barcelona.

Lisón Tolosana, C. (1990). *La España Mental I. Demonios y exorcismos en los Siglos de Oro.* Akal. Madrid.

López, J.; Sanmartín, J. (1993). *Mitología y religión del Oriente Antiguo I. Egipto y Mesopotamia.* Editorial AUSA. Sabadell.

Luck, G. (1995). Arcana Mundi. *Magia y ciencias ocultas en el mundo griego y romano.* Editorial Gredos. Madrid.

Mander, P.; Durand, J. M. (1995). *Mitología y religión del Oriente Antiguo II/1. Semitas Occidentales (Ebla, Mari).* Editorial AUSA. Sabadell.

Martínez, E. (1987). *Brujería asturiana.* Everest. León.

Pérez García, P. (1990). *La comparsa de los malhechores. Valencia 1479-1518.* Diputación de Valencia. Valencia.

Plutarco. *De Musica.*

——. *De superstitione,* en *Obras morales y de costumbres (Moralia) II.* Editorial Gredos. 1986.

Requena, M. (2003). *Lo maravilloso y el poder.* Publicacions de la Universitat de València. Valencia.

Stewart, P.J.; Strathern, A. (2008). *Brujería, hechicería, rumores y habladurías.* Editorial Akal. Madrid.

V.V.A.A. (1990). *Violència i marginació en la societat medieval.* Revista d'Història Medieval Nº. 1. Departament d'Història Medieval. Universitat de València. València.

Zaragoza Rubira, J. R. (1971). *Medicina y sociedad en la España romana.* Pulso Editorial. Barcelona.

Bibliografía de los autores

Aguirre, Antxón. *Los saludadores.* Artículo web PDF.

Aldana, Salvador (2007). *Los judíos de Valencia: un mundo desvanecido.* Ed. Carena.

Beitia, Ángel (2019). *Hierofanías y encantamientos.* Ed. Guante Blanco.

Blanco, Juan Fco. (1992). *Brujería y otros oficios populares de la magia.* Ed. Ámbito.

Buckland, Raymond (2003). *Hechizos y magia gitanos.* Editorial Obelisco,

Callejo, Jesús y Iniesta, José A. (2001). *Testigos del prodigio.* Ed. Oberon.

Caro Baroja, Julio (1985). *Las formas complejas de la vida religiosa.* Ed. Sarpe.

——, (1990). *Vidas mágicas e Inquisición (tomo I y II).* Círculo de Lectores.

——, (1993). *Las brujas y su mundo.* Ed. Alianza.

Castañon, Luciano (1976). *Supersticiones y creencias en Asturias.* Ayalga Ediciones.

Ciruelo, Pedro (1977). *Reprobación de las supersticiones y hechicerías.* Ed. Glossa (reedición de 1538).

Curbo, Juan (1731). *Secretos médicos y chirúrgicos*. Facsímil librerías París-Valencia.

Dietario de Pablo Carsi y Gil. Valencia 1800-1873, Carena Ediciones, 2011.

Eiximenis, Francesc. *Regiment de la cosa pública*. Ed. Academia de la llengua valenciana (reedición de 1499).

Ferragut, Carmel (2008). *Medicina per un nou regne*. Ed. Bromera.

___, (2014). *Los peritajes médicos en la Valencia bajo medieval*. Estudios Universidad de Valencia.

Ferrero Martínez, Raúl (2021). *Brujas, sabias y malditas*. Ed. Guante Blanco.

Fray Martín Castañega (1946). *Tratado de hechicería y superstición*. Facsímil Ed. Martor.

Fresquet, José Luis (1995). *Salud, enfermedad y terapeútica popular en la Ribera Alta*. Instituto de Estudios Documentales de Valencia.

Furió, Antonio. *Historia del País Valencià*. Ed. Tres i Quatre.

Gallois, Leonardo (1869). *La Inquisición*. Facsímil Librería París-Valencia.

García Atienza, Juan (1981). *Guía de la España mágica*. Ed. Martínez Roca.

García Cárcel, Ricardo (1976). *Orígenes de la Inquisición española. El tribunal de Valencia 1478-1530*. Ediciones Península.

García Carcel, Ricardo (1980). *La Inquisición en Valencia 1530-1609*. Ediciones Península.

García Jiménez, Salvador (2009). *El último verdugo*. Ed. Carena.

Gil Barberá, Juan y Marín, Enric (1997). *Medicina valenciana mágica y popular*. Ed. Carena.

González-Quevedo, Óscar (1977). *Los curanderos*. Ed. Sal Terrae.

Haliczer, Stephen (1993). *La Inquisición y sociedad en el reino de Valencia (1478-1834)*. Ediciones Alfons El Magnanim.

Hemeroteca valenciana: *El debate. Iberia. La Estampa. La voz de Menorca. Las Provincias*.

Hurtado Artero, Publio (1989). *Supersticiones extremeñas*. Hurtado Ediciones.

Laín Entralgo, Pedro (1987). *La curación por las palabras en la antigüedad clásica*. Editorial Anthropos.

Leblon, Bernard (2001). *Los gitanos en España*. Editorial Gedisa.

Lisón Tolosana, C. (2004). *El problema mental: el problema del mal*. Ed. Akal.

Madarnas, Prometeo (1963). *Medicina pintoresca: los curanderos*. Ediciones GP.

Mancha, Juan Jiménez (2007). *Asturianos en Madrid: oficios de la clase popular*. Fundación Mcpal. Museo Pueblo de Asturias.

Marcos, Manuel Antonio. *El supersticioso mundo de las campanas*. Universidad de León. Artículo web PDF.

Marqués de Villena (2003). *Tratado de fascinación o aojamiento.* Facsímil Ed. Índigo.

Memoria escrita, hisotria vida. Dos dietarios valencianos del seiscientos. Ayuntamiento de Valencia 2004.

Monferrer, Álvar (2014). *Bruixes, dimonis i misteris.* Ed. Bullent.

Montejano, Antonio J. (2001). *Las doce en punto y sereno.* Ed. La librería.

Osma, José María (1971). *Los curanderos.* Aula de Ediciones.

Pérez Herrada, Eduardo (1972). *Curanderismo y superstición.* Editorial Galaxia-Vigo.

Prats, Alardo (1999). *Tres días con los endemoniados de la Balma.* Ed. Altafulla.

Puerto, Fco. J. (2013). *Remedios contra la peste negra.* Real Academia Nacional de Farmacia.

Rey Bueno, Mar (2002). *Los señores del fuego.* Ed. Corona Borealis.

Rodríguez, Pepe (1992). *Curanderos: viaje hacia el milagro.* Ed. Temas Hoy.

Romero, Eladio (2014). *Garrote vil.* Ed. Nowtilus.

Sánchez Dragó, Fernando (1980). *Gárgoris y Hábidis.* Ed. Peralta.

___, (1983). *La España mágica.* Alianza editorial.

Sánchez Ortega, Maria Helena (1988). *La Inquisición y los gitanos.* Taurus Ediciones.

Sánchez Pérez, José A. (1948). *Supersticiones españolas.* Ed. Saeta.

Santonja, José Luis (2021). *Animetes santes.* Ed. Bullent.

Seijo, Francisco G. (1975). *Curanderismo y medicina popular.* Ed. Biblioteca alicantina.

Sepúlveda, Ricardo (1888). *Madrid viejo.* Facsímil librería Fernando Fe.

Solaz, Rafael (2010). *La Valencia del más allá.* Carena Editors.

Tajada-Fernando Rosillo, José Luis y Martinez, José (2015). *Guía secreta de la provincia de Albacete.* Colección detectives de lo insólito.

Toldrá, Albert (2011). *En nom de Deu.* Edicions del Bullent.

Urzúa, Isidoro (1987). *Campanas y campaneros.* Ediciones y libros de Navarra.

V.V.A.A. (1975). *Brujología.* Seminarios y Ediciones S.A.

Vernía, Pedro (1994). *Historia de la farmacia valenciana.* Ed. Borgino.

Este libro, por encomienda de la editorial Almuzara, se terminó de imprimir el 10 de febrero de 2023. Tal día, de 1720, en Inglaterra, el rey Jorge I nombra a Edmund Halley su astrónomo real.